JN117374

工藤俊輔 著

学芸みらい社
GAKUGEI MIRAISHA

まえがき

最近、スマートシティが注目されている。

スマートシティとは、IoT（Internet of Things：モノのインターネット）をエネルギーや生活インフラの管理に用いることで、生活の質の向上や都市の運用及びサービスの効率向上、そして都市の競争力をつけ、現在と次の世代が経済・社会・環境の観点で需要を満たすことができるような都市のことだ。

IT を駆使して、そこに住んでいる人々が最適に過ごせる地域づくりを目指す―ということではないかと思う。

体育に目を転ずると、

「スマート体育」

ということが提唱され、私も大いに賛同し、その主張の一環として、今回「体育のマネジメント」に取り組んだ。

ところで、皆さんの周りには、

「運動は苦手」

という人がいるのではないだろうか。

そういう人が体育は苦手―という意識をもったのはいつ頃なのだろうか。

おそらく小中学校の体育での体験からではないかと推測している。

〈 運動会の徒競走でいつもビリ 〉

〈 持久走で順位をつけられて嫌な思いをした 〉

〈 部活の朝練についていけなくて脱落した… 〉

というような、切ない体験から、

〈 人間が本来もっている「体を動かす楽しさ、喜び」〉

を生涯にわたり阻害されたとしたら、罪深いことではないかと思う。

なぜ、こういうことが起こってきたのだろうか。

おそらく、今までの教育に、ひとりひとりの子供に最適な教育環境を提供するという、本来あるべき理念を実践に落とし込むマネジメント意識が薄かったからではないだろうかと思う。

年間で体育の時数が決まっている。

また、毎時間の体育はほとんど 45 分間だろう。

45 分間で、子供が学ぶ時間を確保しなければならない。

そのために、教師が毎時間の体育授業を管理しなければいけない。

集合・整列にいつまでも時間をかけてよいのか。

用具の準備・片付けを時間外で済ませていないか。

これらのことから、本来の運動で得る学びの時間が減っているのではないかと考えている。日頃からマネジメントを意識していかなければならない。

体育以外の教科でもマネジメントは必要である。

学びの時間を確保するために、どのような指導計画を立てるのか。

どのような手順で授業を組み立てていくのか。

これらのことを日常から意識することで、スムーズな授業を展開することができる。

今、文科省では、

〈 個別最適化学習 〉

※参考：Society5.0 に向けた人材育成（平成 30 年 6 月 Society5.0 に向けた人材育成に係る大臣懇談会）

をどう現場実践のメニューとして実現するかーここを、もっとも大きな課題に据えているといわれている。

体育に落とし込んで考えるとしたら…。

「個々の子供に適合したカリキュラムや指導計画をつくることから始まる」

のではないだろうか。

それらはすべての子供に生涯にわたって運動に親しむ意識と行動を形成することになるのではないだろうか。

子供の資質・能力を育成するための手立てとなれば幸いである。

工藤俊輔

目次

第3章 チームづくりから用具の準備まで あっという間にできる マネジメントを紹介

第4章 体育は安全確保が一番大切！ 意識すればすぐできる安全指導

第5章 普段の授業にプラスワン！知って得する体育の技

1 体育の学習は着替えから

～着替え方としまい方を教える～

1 体育は教室からはじまる

体育の学習は、体育着に着替えることからはじまっている。

まずは、時間を決めて着替えさせる。

指示：〇分以内に着替えます。

説明：（高学年女子の場合）他の学年も一緒に着替えることがあるため、更衣室が混みます。だから、３分以内で着替えます。

（教室の場合）教科書を机の上に置くことと同じように、着替えを早くします。

時間を決めておこなうことで、ダラダラと着替えなくなる。

高学年の場合、女子更衣室がたまり場になってしまうため、時間を決めておくとよい。

2 衣服の整頓を教える

説明：体育で用具を使います。使ったら元の場所に戻します。また、マット等、丁寧に置くことで安全にできます。体育着も同じです。毎回、丁寧にしまうからこそ、体育で使う用具を整えることができます。

【低・中学年の場合】※『　』は子供に教えるときのキーワード化

①裏にする『うら』

②２つ折り『横半分』

③袖を折る『そでおり』

④下部を上に『下おり』

⑤さらに折る『上おり』

【高学年の場合】

①裏にする『うら』

②肩ライン『肩折り』

③右から左へ『右折り』

④袖折り『袖折り』

⑤下から上『下から上』

⑥返す『返す』

3 体育着をしまう場所を固定する

私の場合は、机の上に置いておくこともあった。（防犯上）

また、廊下のフックに掛けておくこともある。

机の横に掛けることをしない。

机と机の間が狭いため、子供が体育着につまずいて、けがをすることがある。

金曜日は、廊下ではなくロッカーにしまう。

そうすることで、持ち帰ることを忘れなくてすむ。

 教室から運動場に移動する

～静かに移動する～

1 体育は教室からはじまる

体育の学習は、体育着に着替えることからはじまっている。

まずは、時間を決めて着替えさせる。

学校によって、整列してから移動するきまりがある。

授業開きのときに、静かに移動することを教える。

指示：１分以内に廊下（教室の後ろ）に並びます。

着替えと同じように、時間を設定する。

１分以内と指示を出したら、必ず守らせなければいけない。

はじめは、１分以内に並ぶことができる。

並び方は、出席番号順で構わない。並んだときに次のことを確認する。

指示：机の上に物があります。体育では後片付けが大事です。やり直しです。

指示：服装を整えていますか。帽子をかぶっていますか。体育は着替えからはじまっています。

指示：静かに整列できましたか。人を待たせてはいけません、待つ人になります。

できていなければやり直しをする。

もちろん、事前に指導した上で整列してもよい。（配慮を要する児童がいれば事前指導がよい。）

2 静かに移動する

移動するときに趣意説明をおこなう。

「他の学年は勉強するための準備をしています。邪魔にならないために、静かに歩きます。」

「廊下は静かに移動します。廊下で声を出すと響きます。響いた声を苦手と思う人もいます。」

低学年のときは、テーマを決めて移動させるときがある。

「忍者修行です。誰にも見つからないように、静かに歩きましょう。」

このようにすると、

「先生と会ったらどうしますか。」

と言われる。そしたら、

「忍者とばれないように、元気に挨拶するんだよ。これも修行だ！」

と言ったこともある。ただし、移動中、少しでも話をしていれば、やり直しをさせる。体育館に着いたら、

「静かに移動できた人？　移動の仕方 100 点ですね。」

と、評価をする。体育が終わったら、次の指示を出す。

指示：移動は？（子供「静かに」）どうして？（子供「他のクラスが勉強している」）

子供から「どうして静かに歩くのか」理由を言わせることで、守るようになる。

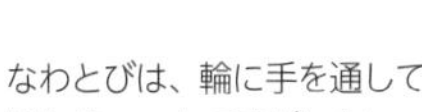

なわとびは、輪に手を通して柄を持つことで音がしない。

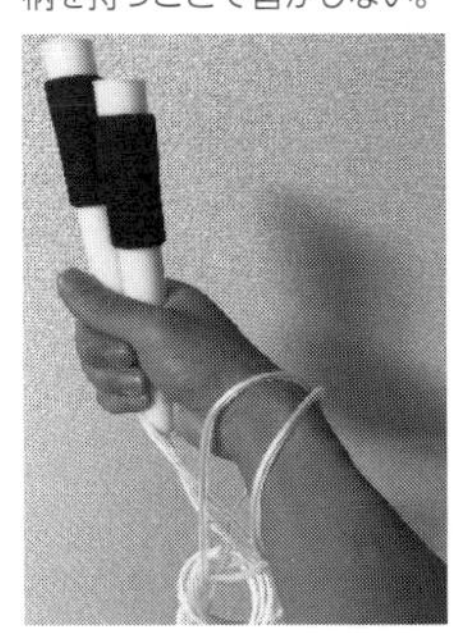

3 1年間を貫く語りをする

～体育が得意な人～

1 語ったことを貫き通す

私の恩師である先生になぜ体育をするのかという語りを教わった。

> 体育が得意な人？　苦手な人？　どちらも大歓迎です。体育は「体を育てる」と書きます。（板書）　どんなにボールを遠くに飛ばしても、どんなに速く走っても風邪を引いて学校を休むような人は体育が得意な人とは言えません。また、友達と協力して、自分を高め合う子や苦手なことにあきらめずに挑戦するような子が体育が得意な子と言えます。１年間友達と協力して楽しい体育の授業をしましょう。

また、学級目標として掲げたことを、体育授業に活かすことができる。
教室で語ったことを、他の授業でも関連させて言うことができるのでよい。

> 先生が１年間頑張ってほしいことは何ですか。（挨拶、返事、後片付け）
> 体育が得意な人はこの３つのことができます。
> １つ目、挨拶。友達が得点を決めたら？「ナイス！」など体育であたたかい声をかけられる人が「挨拶」ができる人です。
> ２つ目、返事。友達からパスをもらうときに、「はい！」や、何かうれしいことをしてもらったときに、「ありがとう」と言える人、集合で「はい」と言える人は得意な人です。
> ３つ目、後片付け。体育の準備、後片付けを進んでできる人が、体育が得意な人です。

また、具体的な場面を写真やイラストで示しながら伝えるとわかりやすい。

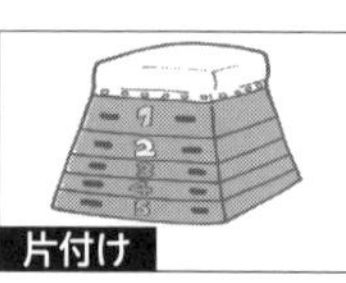

2 語りを全ての活動と結びつける

１のような語りをしたとする。全ての活動と結びつける。
「２人組になったら座ります。何と言いますか。（お願いします。）挨拶ができる人は体育が得意！」
「鬼遊びで助けてもらった人？　何と言いますか。（ありがとう）返事ができる人は体育が得意！」
「服装を整えている人？　えらいです。これは「後片付け」です。身だしなみを整える人が体育が得意な証拠です。」
もちろん、広げたい行動は、教師が一番におこなうことである。言葉かけも同じである。

❹ 体育カゴを用意する

～体育に便利な必需品～

あると便利　教師用カゴ

私が持っていく体育用具カゴである。
授業に応じて、中身を変えたり、必要なものだけを持っていったりすることもある。
学校によっては、体育館や運動場所に、職員が共有できるように一式置いてあるそうだ。

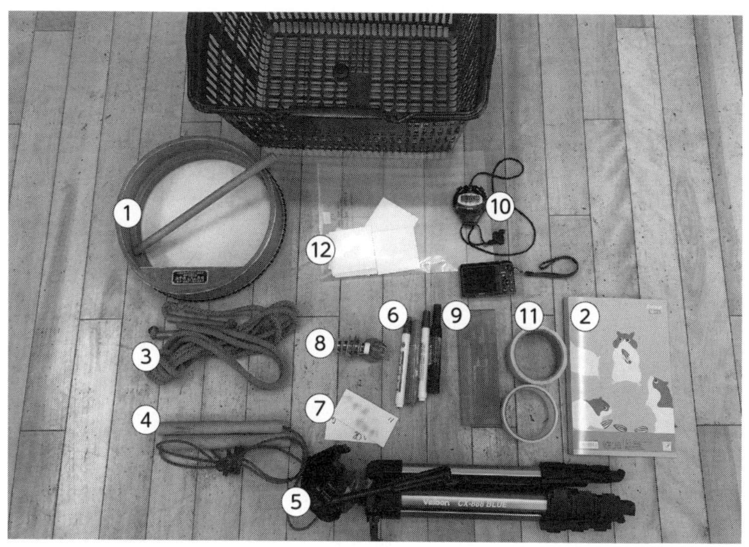

①リズム太鼓：高学年の場合。集合、整列や運動のリズムづくりに適している。
②体育ノート：授業計画を貼ってある。また、名簿を貼っているので評価もできる。
③長縄：授業時間が余ったときのため。また、スタートのラインの代わりに使うことがある。
④短縄：短縄を忘れた子用で置いてある。普段は廊下にあるが、念のために持っていく。
⑤三脚：子供の動きの確認や自分の授業を振り返るために設置している。
⑥マーカー：白板に書くため。授業中に児童の作戦カードにコメントすることもある。
⑦ネームプレート：児童一人一人の名前が書いてあるマグネット。思考判断の場面で活用する。
⑧マグネット：白板に掲示物を貼るときのため。
⑨鉛筆：子供が学習カードに記入をするため。筆箱を持たせると運動場に忘れることが多い。
⑩ストップウォッチ：記録用。
⑪養生テープ：用具破損など修繕するため。
⑫付箋：思考、判断の評価するための教具として用意。

私の体育カゴは、教室の教卓付近に置いてある。

5 貸出用① 赤白帽子

～忘れて見学　かわいそう～

帽子忘れに対応する

勤務校には、次のような体育のきまりがある。

体育着や赤白帽子を忘れたら、体育の授業を見学とする。

体育着は仕方がない。赤白帽子を忘れてしまう子に『あげて』いる。
貸出さない理由に、『アタマジラミ』の病気対策がある。
　財務省キッズコーナー HP
　『https://www.mof.go.jp/kids/gakusyu_a_html/jp_03.html』

小学生１人当たりにかかる税金は『１人当たり約 90 万円』である。
１日当たり（200 日登校するとして）　90 万÷ 200 ＝ 4,500 円／１日
１時間当たり（６時間あるとして）　4,500 ÷ 6 ＝ 750 円／１時間
私が購入した赤白帽子、100 円（百均にある）
１時間当たり、750 円支払っているんだから、110 円の帽子をあげても、おつりがくる。
そう考えて、私の場合は、あげている。

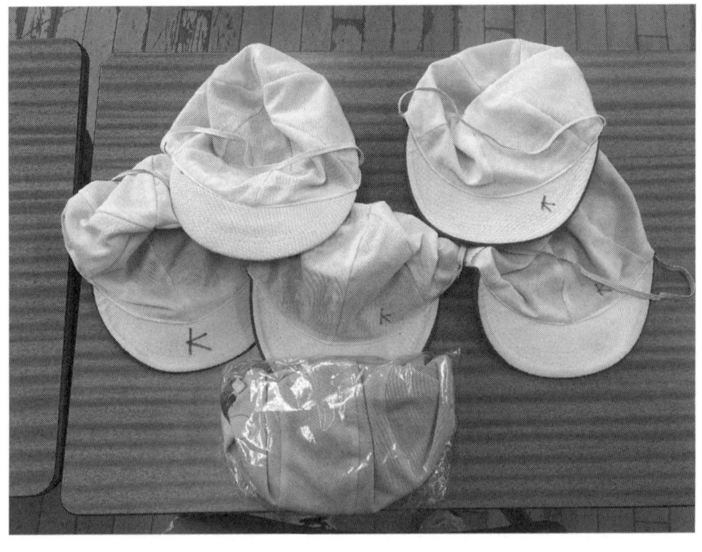

6 貸出用② なわとびを用意

～卒業生に寄付してもらう～

なわとびを教室に忘れても大丈夫

３学期から、なわとびに取り組む学校が多い。

１学期から導入３分間なわとびをおこなう。継続することで技ができるようになることがある。

なわとびを１年間教室に置いたままにする。もちろん最初は持ってこない子もいる。

そのため、貸出用を用意している。

学校の公費で購入することができるので、体育主任と相談してほしい。

６年生担任のときに、３学期懇談会でお願いをした。

「保護者の皆様にお願いです。中学校進学にあたり、上履き、なわとびを学校に寄贈していただけますか。」

また、子供が「なわとびが半分に切れました。」と言った。

「お家の人にいらなかったら先生がほしいと伝えてください。」

二重跳び指導で、半分に切ったなわとびを使用する。

もらえるものはもらうと、次の学年の貸出用になる。

また、授業中に教室に忘れてしまう子のもいるので、数本教師が運動場に持っていくとよい。

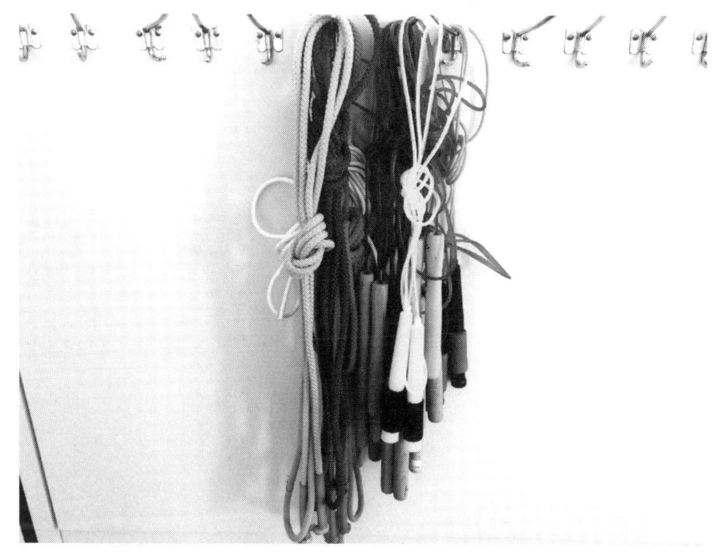

7 貸出用③ 体育カゴ

～ビブスや学習カードをまとめる～

■ 子供が使うものをまとめる

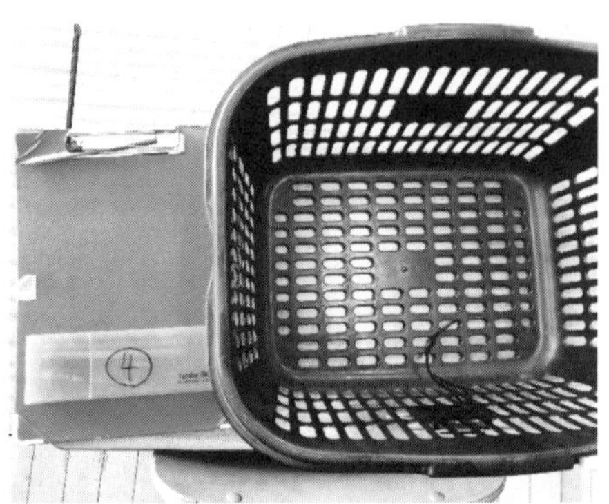

運動場や体育館で、学習カードを使って振り返りをおこなう。
次の授業のときに、「筆箱を校庭に忘れました。」と言われることがあった。
そのため、カゴをいくつか用意した。
グループごとに筆箱やバインダー（学習カード用）を入れた。
グループで１名、カゴ担当を決めて、持って来させている。
毎年、体育ノートを活用しているので、グループごとにカゴの中でまとめていた。
チームの作戦と、自分の考えを照らし合わせて評価することができた。
カゴ担当を決めるときに次のことを言った。

**このカゴには体育で必要なものを入れます。また、作戦カードも入れます。
作戦がばれてしまわないように、大切に扱ってください。また、整頓します。
全国大会に出場するチームは、整頓ができると言われています。**

単元に応じて、カゴに入れる物をかえている。
①なわとび（短縄）
②学習カード（体育ノート）
③作戦カード
④ビブス
⑤マーカー
⑥ストップウォッチ
⑦ティーボール用ボール
⑧紙鉄砲（投力目的）

8 貸出用④ トロフィー

～運動を楽しくさせる演出～

■ マナーを賞するトロフィーも用意する

ボール運動単元の最後に、トーナメント戦をおこなう。

> 8時間、ティーボールの学習をしました。投げたり、打ったりするコツを覚えました。
> また、チームで作戦を考えました。今まで勉強してきたことの復習です。
> 精一杯やりましょう。

【マナー賞（盾）】…… マナー（応援、集合が早い）がよいチームに貸出す。
最下位のチームを選ぶことが多い。負けても応援を頑張っているからだ。

【MVP メダル】…… 技能が向上したり、マナーがよかったりした子にあげる。
体育が苦手な子に渡すことが多かった。

学級通信などで紹介することがある。

優勝チーム、マナー賞、MVP 等、掲載することで、家族から褒められることが多い。年間を通して全員を掲載できるようにする。

9 緊急対応

～安全マニュアルを確認～

事故対応に備える

体育でけがをした。休み時間にけがをした。みなさんはどのように対応するだろうか。
各学校の事故対応マニュアルを確認する。できれば、年度初めに職員で共通理解したい。
私の勤務校の場合は以下の通り。（保健室や教室に掲示している）

①事故発生（応急手当）
②内線もしくは担任（児童）が職員室へ連絡
③職員がかけつける
④管理職判断（タクシー or 119 or 保護者連絡）
⑤保護者連絡
⑥救急車要請（順番に関係なく連絡する場合がある）
⑦保護者事後連絡する
⑧事故報告書

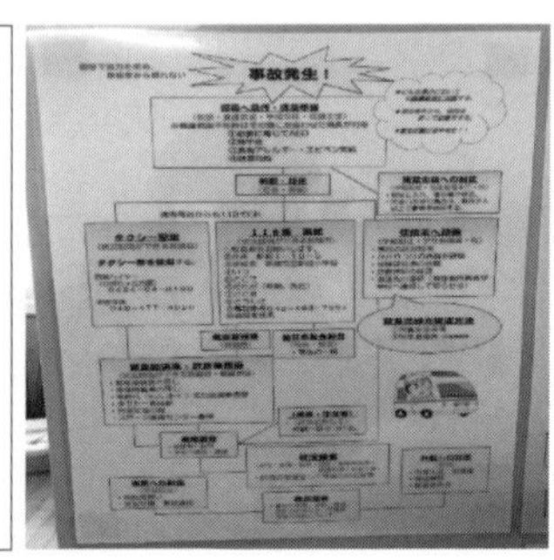

次は、救急車が学校のどこに停止するのかを把握する。
緊急車両専用の通路がある。そこに、自転車やものを置かないようにする。
最後は、AED の場所である。
みなさんは、学校に何台あってどこにあるのか言えるだろうか。
水泳指導や持久走練習のときに AED を持って行くことがある。
AED の場所がどこにあるのか覚えておかなければならない。
（勤務校は、保健室、体育館入り口）

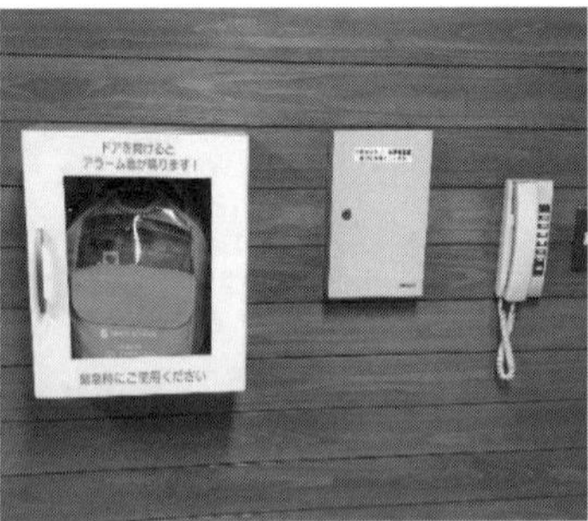

【ＡＥＤあります】など体育館入り口に掲示しておく。
そうすると学校開放団体で利用する方々もわかる。
また、担架の場所も把握する。（保健室）年に１度は模擬形式で練習するのもよい。

⑩ Ａ３ファイルを活用する

～持ち運び便利グッズ～

視覚教材を活用する

視覚化

体育館に、移動式ホワイトボードがある。しかし、校庭にはない。

なかには、校庭に算数で使用するマス黒板を置く学校がある。

重いため、移動するのが大変である。また倒れる危険性がある。

そこで、先輩に教えてもらったのが『Ａ３ファイル』である。

Ａ３ファイルに、場づくりのイラストや発問・指示を明記する。

授業で子供に見せながら授業を進めることができる。視覚教材として活用した。

スケッチブックでもできるが、一度書いてしまうと再度購入しなければならない。

写真のようなＡ３クリアファイル（1200円）を用意するとポケットにＡ３用紙を入れるだけでよい。

また、水性マーカーならクリアファイルに直接記入しても、消すことができる。

課題提示などにも活用したい。

右の教具も便利である。（AMAZONより）

『nu board（ヌーボード）』という。（約3000円）

スケッチブックのホワイトボード版である。

授業で活用できることが多い。

視覚優位の子の手立て等、体育授業に活かせる教具である。

1 整列① 気をつけの姿勢

気をつけ

ゲーム

～キーワードで教える～

1 キーワード化して教える

文部省『集団行動指導の手引き』P1（平成５年 10 月）に以下のように書かれている。

> 体育授業における運動の学習において、児童生徒が集団行動の基本的な行動様式を身につけ、その意味を理解して積極的に行動することによって、体育の学習活動を能率的に、安全に行うことができる。
> 体育授業において、児童生徒が学習する基本的な行動様式は、学校の他の教育活動における集団行動の基礎となる。

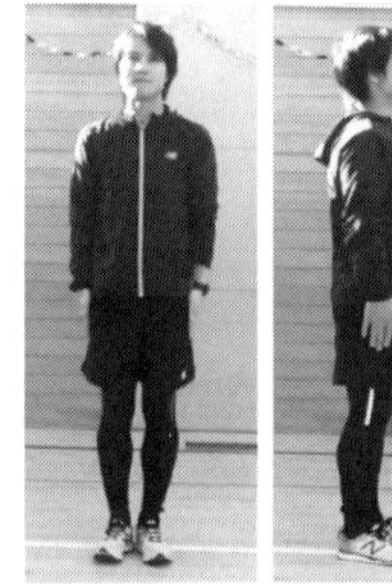

授業開きで集団行動に関する指導をおこなう。
まずは、気をつけの姿勢を教える。

指示：気をつけ
指示：かかとピタ！（かかとをつける）
指先ピッ！（指先を伸ばす）
背筋をピン！（背筋を伸ばす）これがよい姿勢です。

子供に音の部分を言わせる。

発問：かかとは？（ピタ！）指先？（ピッ！）背筋？（ピン！）
これがよい姿勢です。

教師が手本となったり、子供にモデリングをさせたりしてもいい。

2 ゲーム化して教える

「気をつけ」の姿勢を教えた後、簡単なゲームをする。
ゲーム化することで、楽しく規律を教えることができる。

説明：立つ座るゲームをします。
指示：先生が立ちますと言ったら立ちます。（立ちます）

素早く立ったことを褒める。
「○○さんの気をつけの姿勢いいですね。」と褒めることで、よい行動が広がる。

指示：座ります。

何度か繰り返して「立ちません。」などとフェイントをかける。

指示：美しいですね。今日から『スーパー気をつけです。』人から見られても美しい姿勢です。

また、男女別で見合うことでより、意識して気をつけをすることができる。
『男子 50 点！』『女子 60 点！』など点数化すると低学年は盛り上がる。

❷ 整列② 列を整える

～前へ　ならえ～

1 予令と動令があることを知っておく

正直、私の場合、体育で整列させることはない。
『前へ・・・ならえ』と号令をかけるのは、体育集会ぐらいだろう。
それでも学校の体育のきまりで示されているならば、徹底的にやるのもよい。
その際に、なぜ整列をするのか、語りをする。

> ①ディズニーランドのアトラクションで並んでいます。
> 途中で割り込んだらどう思いますか。（嫌です。）
> そうですね。「整列」は、人のためにしていることでもあります。「礼儀」です。
> ②デパートで火事が起きました。並ばないで出口に行くため、混雑してしまいました。
> 命を落とします。あるデパートでは、「１列になって避難してください。」と言われ、その通りにしたら、全員が避難できました。整列は命を守ることでもあります。

『前へならえ』と続けて言ってしまうと、子供が『前へならえ』の準備ができない。
文部省『集団行動指導の手引き』には以下のように書かれている。

> 『前へ・・・ならえ』で肩の高さに両手を挙げる。
> ↑予令　　↑動令

子供に何をするのか示し（予令）、動きを指示する（動令）があることを知っておきたい。

2 ポイントを示しながら説明をする

男女１列ずつに並ばせる。学級開きの場合は背の順は大体、もしくは出席番号順でおこなう。

指示：前へ・・・ならえ！
指示：両手は前の人の肩です。
指示：前の人と拳１個分あけます。
・そうすることで、座るときにずれない。
・教師はできている子に丸と告げる。
・できていない子に、「こうするよ。」と支援する。

男女２列ずつの場合は、
指示：先生に肩を触られたら座ります。
指示：触られた人は、男子は右。女子は左にずれます。
指示：そのまま前に来ます。
・高学年の場合、組体操があれば、この姿勢が一番かっこよくないといけないと告げる。

3 整列③ 体育座り

～点数をつける～

1 1つ1つ確認をして教える

文部省発行の『集団行動指導の手引き』を参考に紹介する。

指示：体育座りをします。

指示：膝を閉じます。

指示：手首を持ちます。手はロックです。

指示：先生を見ます。

○○さん、先生と目を合わせています。

100点です！等褒める。

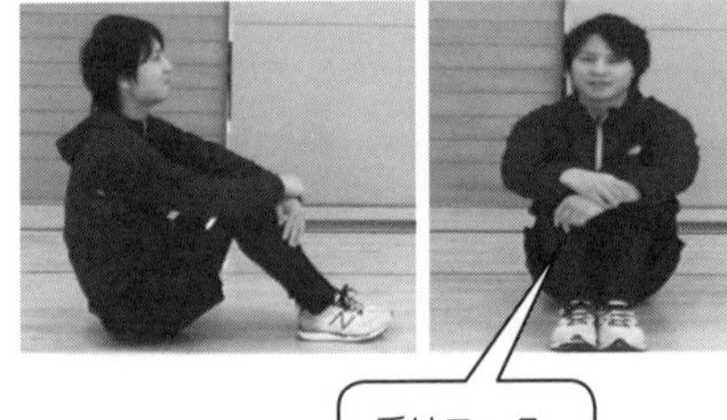

次は、子供にポイントだけ言わせる。

指示：膝を？（子供：閉じる）

指示：手首を？（子供：ロック）

指示：先生を（子供：見る？）

子供に言わせることで、音声情報で頭の中に入れることができる。

2 体育座りの姿勢に点数をつける

体育座りができない子がいる。

要因は様々である。（体の大きさなど）

教師が、『子供は座ったときに、必ず体育座りをしなければいけない』という考えを捨てる。

数十秒であれば、体育座りをさせることがある。

ただ、朝会など長い話のときには、指導をしない。

子供に合った楽な姿勢で、周りに迷惑をかけなければよい。

強要してはいけない。こだわりは子供の方が強い。

次回から、朝会が終わった後に、

> ①今日の座り方でよかった人を言います。○○さん、○○さん・・・。
> ②座るときに、すぐに体育座りしたクラスです。全員100点ですね！
> ③以前は30点でした。今日は80点です。50点上がりましたね。すばらしいです。

と、点数化して褒めている。

「すごかったね」や「きちんと座れていたね」などよりも明確に伝えることができる。

④ 整列④　休めと回れ右

～そろうと格好いい！～

■ ゲーム化して楽しく教える

『休め』の姿勢は、運動会ぐらいしかすることがない。
忘れてしまう子がいるため、授業のはじめの挨拶に取り入れることがある。

▼指示：気をつけ

▼指示：左足を離す

▼指示：手首をロック

教師が１つ１つの動きを確認しながら教えていく。
また、命令ゲームで楽しく復習することがある。

説明：命令ゲームです。命令〇〇言われたら動きます。
指示：命令　休め。命令　気をつけ。体育座り。
（命令と言っていないので、体育座りをしたらアウト）
このように規律を教えたら、ゲーム化して楽しく確認していく。

『回れ右』の指導例を１つ紹介する。そろうと本当に格好いい。

▼指示：気をつけ　右足下げ

▼指示：（右方向）回って

▼指示：（右足）下げる（戻す）

指示：（体操隊形になった後）１列目立ちます。回れ右・・・30点（100点中）。
このように１列ずつ評定することで、隣同士でそろえると格好よくなる。
最後はクラス全体でおこない、ビデオにとる。
子供たちに見せると歓声が上がる。

5 整列⑤ 体育館のラインを使う

～基準を決める～

1 目印を決めて並ばせる

青線に１班を並ばせている

体育館で体育の授業をしていたとき、

指示：ここに並びます。

すると、子供から、「ここってどの辺ですか。」と、質問をうけた。

「ここ」という言葉が曖昧だった。

指示：青線（点線部）が１班です。

右写真のように目印を決めて並ばせた。

しかし、「２班はどっちですか。」となった。

もう１つ決めておかなければならない。

2 基準を決めて並ばせる

体育館で以下のように指示を出す。

①青線（点線部）を基準に集合の合図をする。

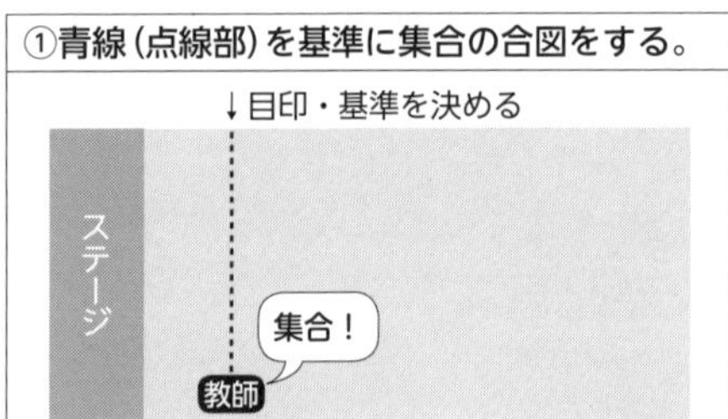

②青線（点線部）が１班と確定する。

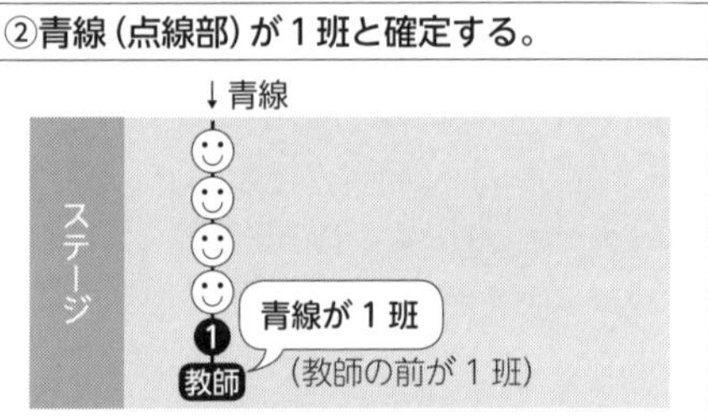

③左に２班、３班とする。

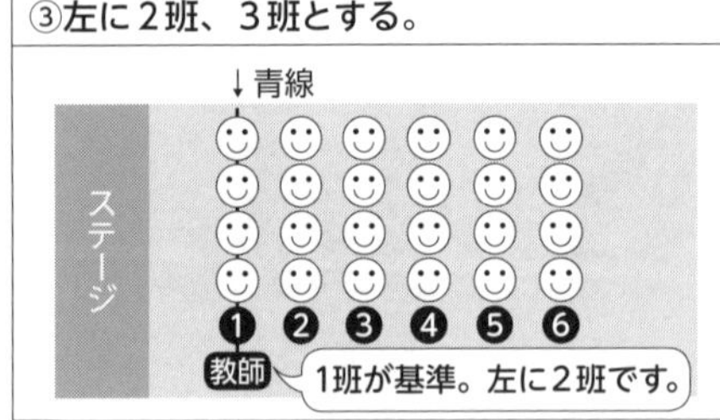

④最後に教師が真ん中に動けばよい。

指示：１班が青線です。左に２班、３班と並びます。

目印と、基準を決める。座らせた後に、教師が中心に動けばよい。

朝会でも体育館のラインを利用する。

指示：先頭は緑線にかかとをのせます。

指示：男子は白線、女子は赤線。

明確な指示や、目印、基準を決めておくことで、子供たちがまっすぐ並ぶことができる。

整列⑥　校庭で集合する

～集合する目印を決める～

1 遊具の近くで整列・集合する

校庭は広い。体育館のようにラインもないため、整列しづらい。

目印であれば、基準を決める原則は同じである。

遊具を使うのならば、

指示：鉄棒の前に並びます。

指示：朝礼台の前に並びます。

明確な指示で集合させることができる。

体育館と共通した並び方でよい。

指示：先生の前が１班です。（男子です等）

教師の前に必ず１班が来るように固定すると、すぐにグループで並ぶことができる。

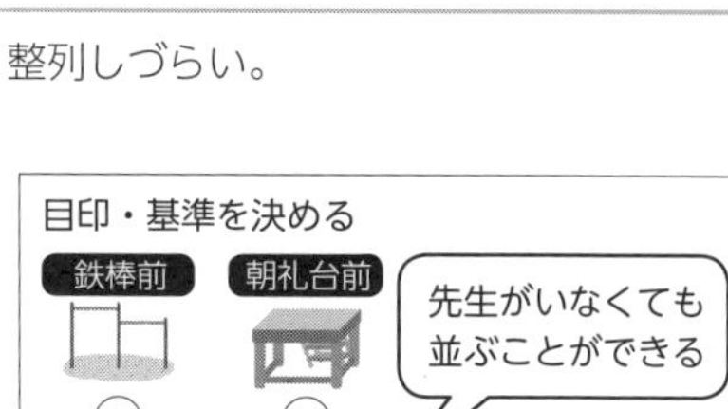

単元を通じて、同じ場所に集合させることもある。

体育がはじまるときに、いつも同じ場所で集合しているので、

指示：指定席！

と指示をするだけで、整列することができる。

2 教具を使って整列・集合する

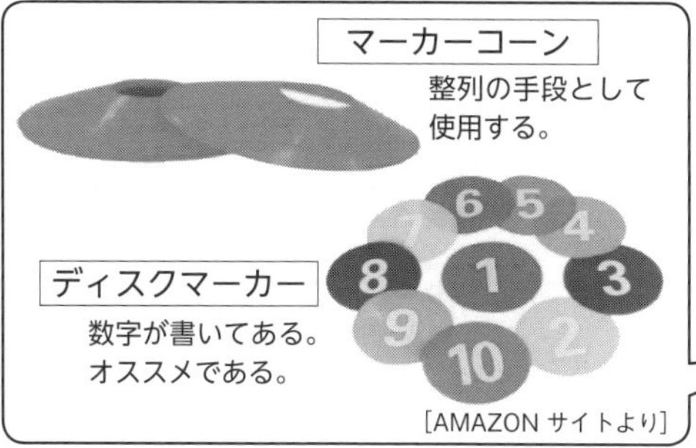

指示：赤が１班です。

体育館のラインと同じ色にすれば「赤が１班」と固定できる。

きっちり並ばせたいのであれば、教具を使用する。

そこまで求めていなければ、教師の前が１班程度でいい。

慣れてきたら、マーカーやラインなしでも並べるようになる。

「目印が無くても並べることはすばらしいです。社会科見学に行ったときは目印がありません。自分で基準を決めて並べることは、校外学習でもすぐに並ぶことができます。」

⑦ 整列⑦ 整列＋ペアづくり

～一石二鳥の整列～

■ 用具を使って並ぶ

マーカーコーンを使って整列させること以外にも方法がある。

体育勉強会でシッティングバレーボールの授業をした。

10分間という枠の中で模擬授業をおこなった。

そのため、「マネジメント」にかける時間を短縮することで、主運動の時間を確保することができる。

そこで、得点板を利用した。

得点板にビブスをつけて、並ぶ場所を明確にした。

指示：ビブスがかかっている得点板に1列に並びます。

着ているビブスと同じ色のところに、チームが並んでいるので、そのまま試合をするチームが向かい合う形となる。

指示：正面にいる人と握手。握手した人がペアです。

握手をすることでペアが確定する。

教師が指示を出さなくても、自然とペアをつくることができた。

チーム毎に並ぶときも、ビブスやマーカーコーンを置くことが考えられる。

用具を使うことで、子供たちがどこに並べばいいのか明確になる。

全ての領域で使用できるマネジメントではないが、知っておくと得をする。

単元毎にビブスの色を変えることで、前回とは違う対戦相手となる。

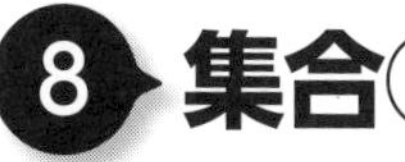

集合① 先生の近くに集まる

～集合をはやく～

1 時間制限を設けて集合する

集合するときに、毎回整列をすると時間がかかってしまう。
体育で運動量を確保するために、整列の時間を減らしたい。

指示：集合。扇型で並びます。(右図)

右の図を見せるとイメージがわく。

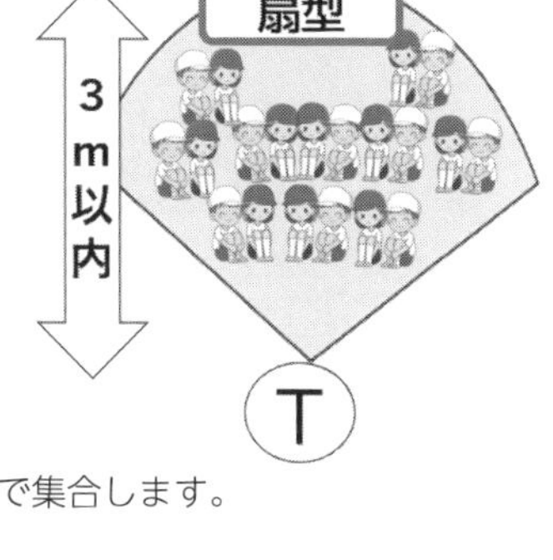

指示：先生の手の中におさまるように集まります。

体育館の場合、バスケットボールコートの円を利用するとよい。

指示：バスケットボールコートの円の中に入ります。

指示：先生から３m以内に集まります。

教師が座っているところから、大体（大股３歩）でいいので３mを測る。

指示：残念。４m以内でしたね。壁１枚タッチしたら扇型で集合します。

３m以内に集まることができたら、次のように告げる。

指示：３m以内で、できましたね。次は 10 秒以内です。壁１枚タッチしたら集合します。

私の場合、体育館は 10 秒以内、校庭は 15 秒以内と決めておく。
集まったときに、扇型の中に入らない子がいる。
「一歩前に詰めます」など、できるだけ３m以内に全体がおさまるようにする。
低学年の場合は、「扇型の外に出るとサメに食べられます」と言って集合させることもある。

2 配慮児童を活躍させる

壁１枚タッチと言ったときに、配慮児童（運動が苦手な子等）の側で集合することがある。配慮児童に「１番！」と告げる。
「○○さんが１番早く集まりました。先生が言ったことを守れる子は賢い人です。」
４年生担任、「昨年大変だった」と言われた子がいた。
「１番！」と力強く褒めた。褒められて嫌な気持ちになる子はいない。
その後の体育を楽しく過ごすことができた。
授業開きが校庭の場合、バスケットボールサークルがない。
私は、石灰で同じ大きさのラインを引いた。準備をしたほうがよい。
たまに、教師の近くで集合をする子がいる。
教師の目線に入りづらい。
そのときは、教師が１歩下がる。
子供を動かした分、教師は説明しやすいところに移動する。

9 集合② 集合した後の配慮

～光や刺激物を避ける～

1 集合したときに配慮すべきこと

毎回整列する必要はない。

扇形のように集合させるだけでよい。

集合したときに、教師が話す位置に気をつけなければならない。

【配慮①】

教師と子供の距離が近すぎる。

子供は顔をあげる必要がある。首が痛くなるため、教師が一歩下がるとよい。

【配慮②】

日光でまぶしい。

教師が太陽を背に話をすると、子供にとってまぶしい。

子供が日光を背にするように集合、もしくは教師が移動するとよい。（右上図）

【配慮③】

教師の後ろで他学年が体育をしている。

教師の話よりも、他学年の体育が気になる。

話が通らない。

理想は、教師の後ろは壁や、掲示物（体育）があるといい。

2 集合は45分で3回が理想

はじめは、授業規律を整えるために、集合回数が多くなる。

だんだん慣れてくれば、教師の指示が通りやすくなるため、集合回数が減っていく。

私は集合を3回と決めている。

①はじめの挨拶

②なか　ポイント整理

③おわりの挨拶

器械運動で、どうしてもポイントを整理したいときなど、集合の回数も変わってくる。

領域に応じて集合する時間を決めておくといい。

ただ集合するのではなく、目的をもって集合することだ。

10 集合③ 合図を決める

ハンドサイン

合図

～ハンドサイン、笛、リズム太鼓～

■ 集合の合図を決める

私は、ハンドサインを取り入れている。

例えば、右図のようなハンドサインがある。

整列・前へ ならえ

なおれ　気をつけ

前から座る

なぜするのか趣意説明をする。

> ハンドサインを使って集合、整列をします。
> 声に出さなくても整列するためです。
> 修学旅行や遠足で、先生が大きな声で「集合！」と言うと周りの人はどう思いますか。(うるさい)(何だ？)
> 人が集まる場所では静かにすることが礼儀です。静かに整列するためにハンドサインをおこないます。

もちろん、ハンドサインで並んだ子には次のことも言う。

> ハンドサインですぐに並んだ列（子）があります。(います)
> どうして、すぐに並べるのでしょうか。お手本です。並んでいる人の目を見ます。
> (やらせる)
> 気がついたことを近くの人に言います。(ハンドサインをよく見ている)
> そうです。ハンドサインを見ています。これは体育で非常に大切なことです。
> 「見る」ことで何をするのかを判断できる子は、体育が得意な子です。

他にもリズム太鼓や笛で集合の合図を決めるときがある。

学年で統一すると、学年体育で指導しやすい。

もちろん趣意説明をする。

『先生が「集合！」と言っても、気がつかないときもあります。だから太鼓や笛で知らせます。きちんと聞ける子は「体育が得意な子」です。』

以下、私が決めている合図である。

リズム太鼓		笛	
トトン	止まって先生を見る	ピッ	止まって先生を見る
トン　トン	座って先生を見る	ピッ　ピッ	座って先生を見る
トン　トン　トン	集合	ピッ　ピッ　ピッ	集合

11 集合④　ボールを持ったまま

～安全に配慮～

1 ボールを持ったまま集合する

体育で一番大切なことは『安全面』である。

サッカーやバスケットボールの授業で、「集合！」と合図をする。

ドリブルをしながら集合する子がいる。

ボールにつまずいてけがをすることがある。

または、友達のボールにつまずくことが考えられる。

事前にボールを持ったまま集合することを伝える。

ボールを持ったまま集合

> サッカーの授業では、ボールを持ったまま集合します。
> ドリブルをしながら集合をすると、ボールにつまずいて、自分がけがをしたり、友達にけがさせることがあります。
> また、ボールを持った方がすぐに集合することができます。

ボール以外の用具も同じである。

持ったまま移動できると、安全に集合することができる。

> ○○さんは、ボールを持ったまま移動をしました。
> 安全を意識している人は優しい人ですね。

と褒めることもある。

2 ボールを膝下に置いて座る

指示：集合！

説明：ボールを膝下に入れます。

話を聴くときの姿勢です。

このようにしておくと、ボールを触っている子を注意する必要性がない。

次のように語ることがある。

> 一流選手は道具を宝物のように扱います。
> 物を大事にできる人は、体育が得意な人です。

ボールを膝下に置いて座る

⑫ 集合⑤　次の運動につなげる

～意図的に集合～

■ 次の運動につなげる集合

指示：集合！（整列！）

子供たちは、教師の近くに集まる。次の運動のことや運動のコツを説明することがある。できれば、次の運動につながる位置で、集合や整列をおこないたい。

５年生「バスケットボール」の授業、感覚づくりの運動をおこなった後に、ゲームをおこなう。

そのため、早く集まった子に、

指示：（体育館）赤線に１列に並びます。

ここでは、早く集まった２チームを手本にする。他のチームは、全体が見える位置に並ぶ。

試合の挨拶も線の上で並ぶ

他チームは、体育館のラインに座らせる

マット運動で、なわとびから動物歩きという流れ、「つなげる」ことを意識した指示をする。

指示：（なわとびをステージ上に置いた子が戻ってくる）黄色の線に並びます。

クラスの半分が並んだら、

指示：○○さんから、緑線。（これで２列になる）

指示：黄色から黄色まで、くま歩き。（１列が終われば、２列目がスタート）

戻ってきた子から黄色線に並ばせる

いちいち整列して、くま歩きの指示を出すのではない。

戻ってきた子から整列することで、後から来た子も見て「整列する」と理解している。

13 集合⑥ 子供の動きを最小限

~なるべく子供を動かさないで動かす~

子供の動きを最小限にする

例えばタグラグビー。2対1のゲームから4対4のゲームにしたい。
集合して説明してもいい。ただ、時間を短縮したかった。
運動と運動の連結がうまくいけば、スムーズに流れる授業となる。

①運動と運動の間の場を考える。
②子供が動く手間を省けるよう軌道を考える。(最短時間、最短距離で済むようにする)
③教師が歩く軌道にも意味を持たせる。(何を見て、どのように指導するのか)

(例) ネコとネズミ→タグラグビーの関所ゲームへ(上が白　下が黒チームとする)

①ネコとネズミの場

② 4人を後ろへ(攻めとなる)

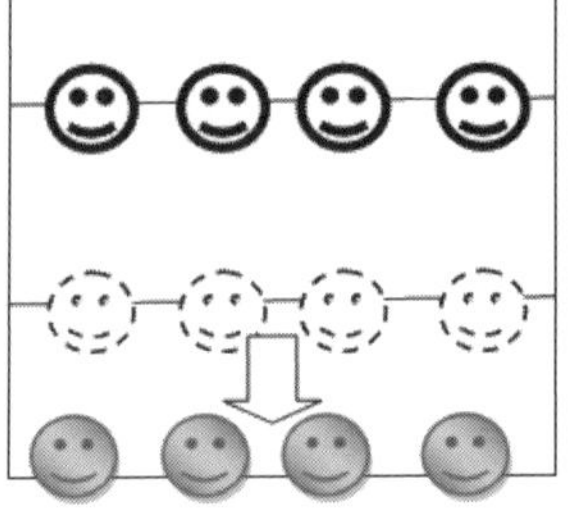

③守りを2人分けて終了

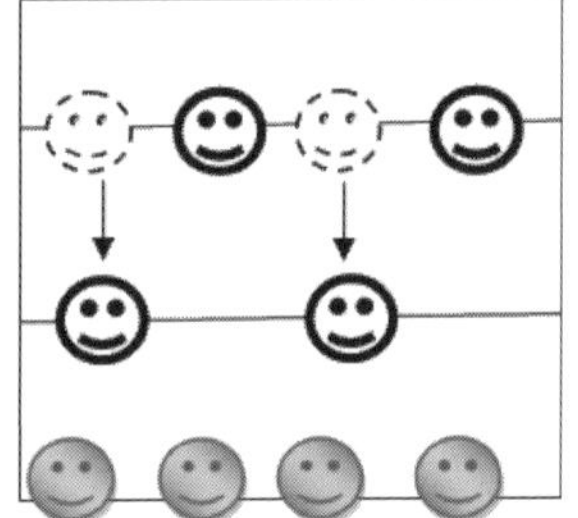

指示：黒チーム。白い線まで下がりなさい。
指示：白チーム。2人。白い線だけ動けます。
指示：残りの2人は、後方の白い線だけ動けます。

線から下がるだけでスタート位置に来る

最小限の動きで、次の運動に進めた

14 集合⑦　意図的に集める

～見てほしいところの近く～

意図した位置で集合する

集合の回数を減らすことで運動量を確保することができる。
しかし、運動のポイントを示すときには、集合するときがある。
なんとなく集合するのではない。
私は、『本時の動きのポイントを示す』ときに集合させている。
また、動きのポイントが見える位置に子供がいるようにしたい。

(伸膝後転）手がつくことがわかる真横の位置
発問：手は何回つきましたか。

(ハードル）振り上げ足の裏が見える位置
発問：足のどこが見えましたか。

足の裏が見える位置に座る

集合させる場所は、最短距離を心がけている。
マットの場合は、全体の中心となるマットにする。
集合にかかる時間を減らすことができる。
ボール運動の場合は、一定の場所が多い。
得点表などの掲示物がある位置に集める。
何度か失敗もあった。
どうしてここで集合したのか説明できなかった。

一度集めて、ここでは運動のポイントが見られない場合は、「真横から見ます。大切なポイントがわかります」と告げて移動する。
たまに、教師の後ろにくる子がいた。(配慮）そのときに、「先生のおしりにポイントがありますか」や「私の背後に立つと危険」とユーモアで返す。
また、教師が笛を加えると、集合の構えをする子もいる。
これには驚いた。

15 集合0に挑戦

～ティーボール（5年）～

一時一事で指示を出すことで可能

「集合0のティーボール」のリクエストをいただき、授業をおこなった。

条件は、①集合・整列は授業の中でなし。
②準備と片付けを授業時間内で終わらせる。

発問・指示	教師の立ち位置と子役の動き
(事前に6チームを決めておく。50m走と野球経験) (ゼッケン) **1　準備運動**（10分） **1 捕る** **指示**：座席ペアになります。 **指示**：足じゃんけん。勝った子。ボールをとる。 負けた子。白線に立つ。 **指示**：キャッチボール。(回数制限なし) **指示**：カメハメ波でとります。 **指示**：ゴロのボールをとります。 **指示**：地面に指をつけてとります。 **2 投げる** **指示**：ガオーポーズで投げます。 **指示**：拾うように投げます。 **指示**：投げた後、足が前にきます。 **3 チーム** **指示**：チームで座る。 **指示**：パス&ゴー（例示） **指示**：はじめ。 **指示**：ゴロ、上、いろいろな方向に投げます。 **2　慣れたら試合**（20分） **1 打つ**（5分） **指示**：先頭。ティー台を1チーム1台。 ※ティー台がなければ、コーンペットボトル。 **指示**：2列目。バット1本。 **指示**：3列目。ケンステップ3つ。 **指示**：4列目。コーン1つ。 **指示**：5列目。得点板。兄弟で1つ。 **指示**：1回ずつ打つ。ボールは自分で取りに行く。 （2分） **発問**：試合をするために、何かが足りない。何？ ・守備など **指示**：兄弟チーム。守備。捕ったらゴロで返す。	※模擬授業映像及び写真に差し替えています。 

指示：全員１回打ったら交代。
（２分）
発問：得点をとるために、何かが足りない。
指示：攻撃。１回打つ。コーンにバットをさす。これで１点。みんなで言って。１塁。これで２点。２塁で、３点。戻ってきた。４点。数えながら。
指示：１人１回打つ。走る。できたら交代。
（２分）
指示：交代。
（２分）
指示：アウトの仕方。打つ。１塁で止まって。
守備。２塁近くの円に１人入る。ボールもらって。
ランナーの次の塁でアウトにできます。
指示：２人目やってみて。
指示：アウトになるまで走り続けてよい。
指示：全員打ったら交代。
（10分）

3　試合

指示：円陣を決めます。
指示：1点でも入ったときのチームの喜び方を考えます。
指示：やって。（声の評定）

4　試合（15分）

指示：全員打ったら交代。はじめ。
（15分）
指示：集合。
発問：何か困ったことありますか。
・フライなど。その場で解決。

5：片付け

指示：準備したもの。立ちます。
指示：２分で片付けなさい。
指示：感想を言います。

教師
上記が６ある
拡大
←ケンステップ
←カラーコーン

集合０でティーボールをおこなうことができた。
ポイントは、

①一時一事で動きを確認する。
　１つ１つの運動を例示してからおこなう。全体に広げたい動きは止めて、見せることも大切。
②いつのまにか試合になっていく流れをつくる
　打つ練習のあとに、「何かが足りないよね」と聞くと、「守備」と答えた。
　兄弟チームを守備にします。ボールをとります。と１つ１つルールを追加していく。

教えていくうちに試合になっていく流れである。
ティーボールのように攻守が分かれた運動であれば可能だ。

1 用具① マットの置き方

～壁から距離を置く～

■ マットを壁から離して置く

勤務校でマットをどのように置いているか。

初任校は、マットを壁につけていた。これが当たり前だと思っていた。

マットの授業中にトラブルが起きた。マットを運ぶ子と、並んでいる子がぶつかった。

置き方1つでトラブルが増えることに気がついた。そのため以下のように置いた。

■ 器具の置き方も大切

壁と空間をつくる

進む方向を決める

片付けも同じような流れである。これで、友達同士ぶつからず、すぐに準備ができた。

①（高学年）2人で持つ

②壁とマットの間から抜ける

③次の人も同じように抜ける

右写真のように、マットの時期であれば、体育主任に相談して、配置を変えている。

班ごとにマットがあるので、すぐに準備することができる。

さらに丁寧にそろえさせたければ、

指示：マットがそろっていれば合格。

マットの形に合わせたテープを床に貼ると、そろえることが容易である。

■ 器具の置き方も大切

②用具②　マットの運び方

～一斉に　かに歩き～

■一斉に持ち上げる

> 一枚のマットは、二人もしくは四人で運び、しっかりと持ち手（みみ）を持つようにします。所定の位置に置いたら、持ち手（みみ）をしまい、マット上に危険がないかを確認するようにするとよいでしょう。
> 『学校体育実技指導資料　第10集　器械運動の手引き』(平成27年3月 文部科学省)

高学年であれば、マットの前後を持って運ぶことができる（持ち手が滑るなどの理由があった）。

マットを運ぶとき次の順序でおこなう。

①語り

> 安全に運べる人ほど、体育が得意な人です。

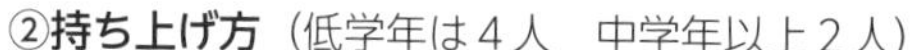

②持ち上げ方（低学年は４人　中学年以上２人）

指示：「せーの」と言って持ち上げます。

指示：その場で「せーの」と言います。（声の大きさチェック）もう一度。

③例示

指示：○○さん、○○さん・・・・来てください。お手本です。

④運ばせる

根本正雄氏の有名な指示がある。

> ３分で用意ができたら新幹線ひかりです。
> ４分でできたら新幹線こだまです。
> ５分以内だったら普通列車です。
> どのグループが新幹線ひかりでしょうか。はじめ。

⑤かに歩きで運ぶ

右写真のように、かに歩きで運ばせる。

後ろ向きで進むと、友達とぶつかったり、先に準備してあったマットにひっかかったりして、転ぶことがある。

そのため、『移動は、かに歩き』を徹底している。

マットに人が集中してしまう場合は、足じゃんけんをするなど時間差をつけるとスムーズに運ぶことができる。

3 用具③　跳び箱の置き方

～跳び箱セットを用意しよう～

■ 一度に運べるようにする

■ 器具の置き方も大切

一度に運べる

キャスター付の板の上に跳び箱をのせると、設置位置までスムーズに運べます。
跳び箱は、１台ずつ離して置いておくとよいでしょう、
また、番号が見えるように置きます。

文科省　器械運動『第２章　実践編　P 62』

跳び箱の時期以外は、体育倉庫にしまう。そうするとボール運動のときの邪魔にならない。
キャスターがない場合は、用務員さんにお願いすると、つくってくれる場合がある。

4 用具④　跳び箱の運び方

～評価しよう～

■ 準備・片付けを評価する

『安全への配慮、準備・片付け』として跳び箱を運ぶときも評価できる。

準備・片付けも学習の一環である。そのため、学習指導要領に書かれているように評価をする。

【学びに向かう力、人間性等】（体育科学習指導要領解説 P182）

第１学年及び第２学年	第３学年及び第４学年	第５学年及び第６学年
・場や器械・器具の安全に気を付ける	・場や器械・器具の安全に気を付ける	・場や器械・器具の安全に気を配る
・器械・器具の準備や片付けを、友達と一緒にすること。	・器械・器具の準備や片付けを、友達と一緒にすること。	・器械·器具の準備や片付けなどで、分担された役割を果たすこと。

安全に気をつけることや友達と一緒に準備や片付けをすることが明記されている。

事前に教師が安全な準備の仕方について教えておく必要がある。（文科省資料参照）

〈１段目の運び方〉

①１段目を床に置く

②ひっくり返す

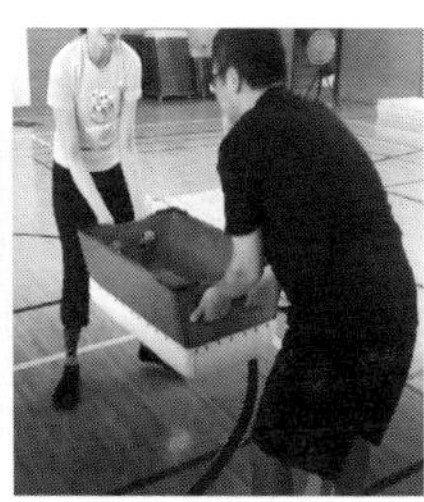

③運ぶ

〈２段目以降の運び方〉

跳び箱は、１段目を２人で運ぶ。その際、裏返しにして安定した状態で運ぶようにするとよい。

またそれ以外の段は、２人でまとめて運ぶようにするとよい。

指示：跳び箱を運びます。

指示：○○さんと○○さん手伝ってください。（例示）

指示：１段目を裏返しにします。

指示：「患者さんを運ぶように」丁寧に運びます。

指示：歩き方は？（かに歩き）マットと同じかに歩きです。

跳び箱と跳び箱の間を空けておくことで、１段目を置くことができる。

また、それぞれの跳び箱に並ぶことで、すぐに準備をすることができる。

5 用具⑤　ボール運動

～学年でセットを用意する～

■ チームごとにセットを用意する

子供専用の体育カゴが各クラスにあるとは限らない。
そこで、印刷用紙が入っている段ボール箱を活用する。
ボール運動系でいちいちビブスを取りに行くのが面倒であった。
ビブスに余裕があれば、段ボール箱に入れておく。
また、ティーボールの学習など、チーム用のボールを入れておいた。
数を段ボール箱に書いておけば、用具の管理ができる。
学年で使用することも可能だ。
ただし、年間指導計画を見て、他学年と用具の確認や、体育主任に伝えておく必要がある。
体育倉庫の用具は、決まった場所に置いておくのが一番いい。
単元ごとに、この時期は、ここに何を置くなど決めておくと用具の準備も簡単だ。

6 チーム① データで分ける

～体力テストを参考～

■ Excel で均等に分ける

リレーのチームを決めたい。様々な方法がある。

50 m走のタイムで決めることがあるだろう。そのとき、名簿にタイムを記録して、均等に分けていく。大変な作業になる。ここは、新体力テストの結果「Excel」を使って簡単に分けたい。

①名簿とタイムを記録		
50m 走		
1	2	
ああ	9.8	
あい	9.7	
あう	9.4	
あえ	9.1	
あお	10.2	
かか	11.3	
かき	11.6	
かく	11.3	
かけ	9.2	
かこ	8.9	
ささ	8.2	
さし	8.4	
さす	12.5	
させ	12.5	
さそ	9.4	
たた	9.2	
たち	8.4	
たつ	10.1	
たて	10.4	
たと	9	

②並び方とフィルターで昇順にする（タイム順になる）		
50m 走		
1	2	
ささ	8.2	
さし	8.4	
たち	8.4	
かこ	8.9	
たと	9	
あえ	9.1	
かけ	9.2	
たた	9.2	
あう	9.4	
さそ	9.4	
あい	9.7	
ああ	9.8	
たつ	10.1	
あお	10.2	
たて	10.4	
かか	11.3	
かく	11.3	
かき	11.6	
さす	12.5	
させ	12.5	

③4チームをつくるとして上から abcddcba と打ち込む		
50m 走		
1	2	チーム
ささ	8.2	a
さし	8.4	b
たち	8.4	c
かこ	8.9	d
たと	9	d
あえ	9.1	c
かけ	9.2	b
たた	9.2	a
あう	9.4	a
さそ	9.4	b
あい	9.7	c
ああ	9.8	d
たつ	10.1	d
あお	10.2	c
たて	10.4	b
かか	11.3	a
かく	11.3	a
かき	11.6	b
さす	12.5	c
させ	12.5	d

④並び方フィルターで昇順にする。均等なチームとなる		
50m 走		
ささ	8.2	a
たた	9.2	a
あう	9.4	a
かか	11.3	a
かく	11.3	a
さし	8.4	b
かけ	9.2	b
さそ	9.4	b
たて	10.4	b
かき	11.6	b
たち	8.4	c
あえ	9.1	c
あい	9.7	c
あお	10.2	c
さす	12.5	c
かこ	8.9	d
たと	9	d
ああ	9.8	d
たつ	10.1	d
させ	12.5	d
1	2	チーム

正直、Excel を使いこなせていない。
それでも、上記のやり方でおこなうとスムーズで、時間もかからない。
子供には、「50 m走を参考にしました。」と告げる。
また、友達関係を配慮して、チームを入れ替えることもある。

7 チーム② チームの伸びを見る

～勝敗より記録～

1 勝敗の表現の仕方を事前に確認する

指示：勝ったときと負けたときのリアクションを決めなさい。

リレーは、勝ち負けがある。そのため、勝ったとき、負けたときにリアクションを決めることで、学習指導要領解説に「勝敗を受けいれること」のねらいに沿うことができる。

次のようにも書かれている。

> 勝ち負けにこだわったり、負けた際に感情を抑えられなかったりする場合には、活動の見通しがもてなかったり、考えたことや思ったことをすぐに行動に移してしまったりすることがあることから、活動の見通しを立ててから活動させたり、勝ったときや負けたときの表現の仕方を事前に確認したりするなどの配慮をする。(P164)

2 タイムの伸びを評価する

１回目、リレーをおこなう。タイムを記録する。次のことを話す。

> リレーでは順位が決まります。チームで努力した結果です。すばらしいことです。
> また、はじめよりどのくらい伸びたかも結果として残します。
> 日本代表リレーチームは、バトンパスによって他国より良い結果を出しました。チームで協力したということです。１回目よりもどのくらい伸びているのか記録しながら勉強します。

【記録例】

チーム	１回目	２回目	伸び	３回目	前回との伸び
赤	59	58	－１	55	－３
緑	1.05	1.00	－５	59	－１
黄	1.12	1.06	－６	1.05	－１
白	1.07	1.08	＋１	1.01	－７
青	1.06	1.02	－４	59	－３

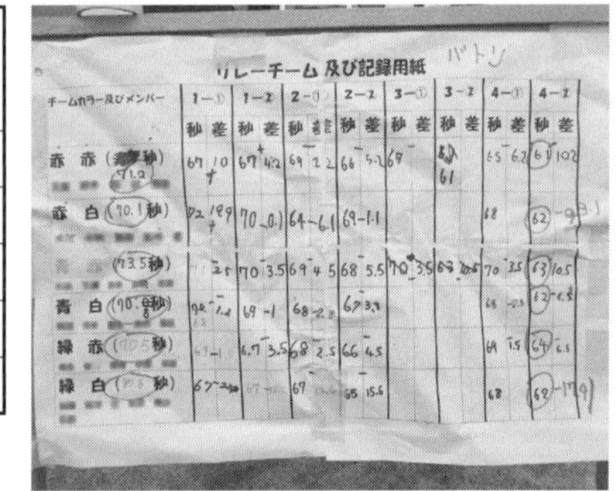

勝敗の受けいれ方（表現）を事前に伝える。
また、右写真のような記録を残しておく。
子供が書くシステムにする。電卓を用意する。
伸びを実感させるシステムも必要である。

8 チーム③　器械運動

～空白を埋める足じゃんけん～

■ 授業中にチームを決める

マット運動や跳び箱運動であれば、授業中にチームを決めている。

チームは準備運動や感覚づくりの運動を一時的におこなうもので、その後、課題別となる。

マット運動の場合のチームづくりは以下の通りだ。

指示：先生の真似をします。足じゃんけん。グー。チョキ。パー。（教師が例示）

指示：足じゃんけん。３人に勝ったら、先生とハイタッチ。（写真①）

その間に教師は、カラーコーンを並べる。（写真②）

授業前に、以下のことを考えておく必要がある。※（工藤実践）

①学級数に応じたチーム数（８チーム）
②１チーム当たりの人数（４人ずつ）
　マットの場合、４人程度のチーム
③４人ずつ分けたときに、1チームマット２枚（全部で 16 枚）
④１チーム２枚のマットが学校にあるのか。（勤務校にある）
⑤カラーコーンを何色いくつ用意すればいいのか。（８色）

もちろん、体育がはじまる前に、コーンを並べておくと、子供を観察することができる。

次々と子供たちが教師のもとにくる。

その際に色を告げる。（下図）詳細は QR 映像。

これで、チームができる。最後に、男女比や人数を確認して運動する。このチーム分けを毎時間おこなった。

女子児童の日記に次のように書かれていた。（写真③）

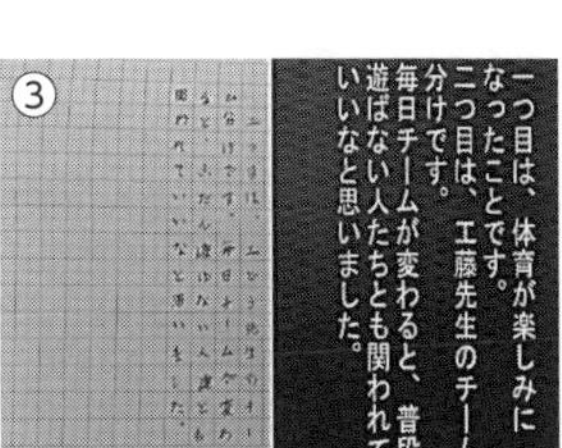

１つ目は、体育が楽しみになったことです。
２つ目は、工藤先生のチーム分けです。
毎日チームが変わると、普段遊ばない人たちとも関われていいなと思いました。

友達同士の交流にも繋がるチーム分けであることがわかる。

⑨ チーム④ バスケットボール①

～シュートをしたら集まる～

■ 条件をつけてチーム分けをする

バスケットボールの場合、次のようなチーム分けをしてきた。
①体力テストの結果（50 m走）で、教師が決める。
②習い事をしている子を把握して、教師が決める。
③壁パステストや、シュートテストをして、教師が決める。

子供を中心に決めることもあるそうだが、私はしない。取り合いが出てくる場合があるからだ。

①～③は時間がかかる。そのため授業内でチームを分ける。手順は器械運動と似ている。

事前に考えておくことを列挙する。※（　）は工藤の場合

①チーム数（6チーム）
②1チームの人数（4、5人） 32人学級のため。
③チーム数のビブスがあるか確認（赤、オレンジ、青、水色、緑、黄）

指示：ゴールを数えます。全部で4つあります。（写真①）

※指さしの技術。

指示：3つのゴールにシュートを決めます。

これが『条件』をつけてである。

3つにしたのに根拠がある。4つだと、全て入らず時間がかかる。2つだと、ゴール間の移動が短く、教師がビブスを準備している間に戻ってきてしまう。

だから3つがよい。

指示：3つ決まったら、先生とハイタッチ。はじめ。

※その間に、ビブスを用意する。

指示：3つ決まった子からハイタッチ、色を告げる。（写真②）

残り2割になったら、次の指示。

指示：ピッ。早い人順です。

最後の1、2人にしないことだ。かわいそうである。

あと、5、6人になったら、早い人順としている。

写真③のように並ぶことになる。

ビブスを着ている子もいる。それでよい。

①

②

③

⑩ チーム⑤　バスケットボール②

～男女比　経験者を確認する～

条件をそろえてチームを分ける

３つゴールした子から、チーム分けについて、紹介をした。
チーム分けをした後に確認することが３つある。

①人数確認をする
指示：人数を確認します。
指示：赤５人、青５人・・・・・。
４人のチームがいる場合もある。
それでも、教師が予定していた人数比であればよい。

②経験者を確認する（写真①）
指示：経験者は手を挙げます。
１年以上習っていた子を対象とする。
経験者が偏っている場合は、隣同士でチェンジする。
隣同士でチェンジすることに意味がある。
シュートを決めた順であるので、大体が同じ力と考えている。だから、隣同士でチェンジである。

③男女比を確認する（写真②）
指示：男子の数、女子の数を数えます。
偏っていれば、隣同士チェンジする。

このように確認をしながら決めていく。
児童同士の関係ができていない子が同じチームだったら、③のときに交代する。
チームを決めた後に、次のことを言う。

> チームを決めました。チームの中で挨拶をします。
> もしかしたら、途中で、先生はチームのメンバーを変えるかもしれません。
> どの子でも、仲良くバスケットボールを楽しんでほしいからです。
> 変えないで最後までやり通すこともあります。

私は一度も途中でチームを変更したことがない。
文句を言われたこともない。言われないように、上記のことを伝える。

11 チーム⑥ サッカー

～原理はバスケと同じ～

■ 条件をつけて、チームを分ける

原理はバスケットボールと同じである。
次のような質問があった。

「○○したらハイタッチ」という指示が子供に浸透して、「○○さんと同じチームになりたい。」ために力を抜く子がいるのではないか。

私は、気にしない。たとえ○○さんと同じになったとしても、経験者や男女比で離れることもある。だから今まで通りの方法でチーム分けをする。

指示や意味も理解しているのでやりやすい。
※写真は体育館

指示：ドリブルで、校庭を２周します。(写真①)
この間にビブスやコーンを準備。
ドリブルのため、１箇所でスタートすると、ぶつかる危険性があるので、男女でスタートを分ける。

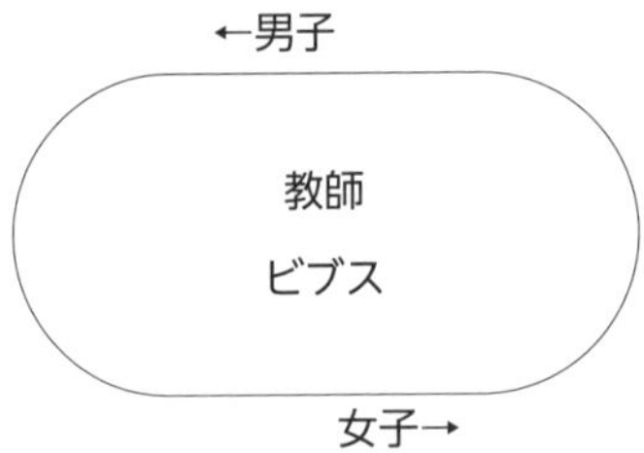

カラーコーンに番号をつける

指示：(２周終わった子から) 色を告げる。(写真②)
チーム数に応じたビブスが無い場合は、コーンに、番号を貼る。1、２、３・・・と番号を告げることもある。(写真③)
指示：人数を数えます。
指示：経験者、男女比の確認です。
指示：授業の中でチームを変えることもあります。

他の方法もある。
指示：ゴールが４つあります。３つにシュートを決めたら先生とハイタッチ。
ぜひやりやすい方法でチームを決めてほしい。

12 チーム⑦　ソフトバレーボール

～根拠を示すチーム分け～

根拠を示してチーム分けをする

研究協議で聞かれることがある。
「チームはどのように決めましたか。」
みなさんはどのように答えるだろうか。
「体力テストや人間関係で教師が決めています。」と答えたこともある。
運動に必要な技能を根拠にチームを分けることもある。
６年『ソフトバレーボール』を例に紹介する。
技能テストは学習指導要領に書かれている内容に沿っておこなう。

【第５学年及び第６学年】知識及び技能
・自陣のコート（中央付近）から相手コートに向けサービスを打ち入れること。
・ボールの方向に体を向けて、その方向に素早く移動すること。
・味方が受けやすいようにボールをつなぐこと。
・片手、両手もしくは用具を使って、相手コートにボールを打ち返すこと。

私はこの中で重視したのは、『味方が受けやすいようにボールをつなぐこと』である。
ボールをつなげないと、相手コートに返すことができない。技能差をできるだけ埋めたかった。以下の方法でチームを分けた。

指示：壁に向かって30回ボールをはじきます。
（一度練習させる）

指示：30回できたら、先生とハイタッチ
（色をつげていく）

指示：男女比、経験者の確認
（身長差も考慮して、チームを分ける）

学習指導要領に書かれている内容を根拠にチームを分けることもある。
単元を通して、子供たちに何を学ばせたいのかが私にとっての根拠である。
ぜひ、チーム分けをする際に、『根拠』をもって説明できるようにしたい。

⑬ チーム名と円陣を決める

～色にちなんだネーミング～

1 色にちなんだネーミング

ボール運動で、ビブスの色を振り分ける。

その後、朝の会などを使って、チーム名を決めさせる。

色で呼ばれるより、チーム名で呼ばれた方が、「まとまる」と考えている。

指示：チーム名を決めます。

指示：色にちなんだ名前にします。赤ならリンゴチームなどです。

【6年生がつけた名前】

①オレンジ・・・・赤肉メロン
②青・・・・・・・コード・ブルー
③黄・・・・・・・イナズマ
④緑・・・・・・・ケヤキ
⑤白帽子・・・・・ホワイトカルピース
⑥赤帽子・・・・・鷹の爪

【大人がつけた名前（模擬授業）】

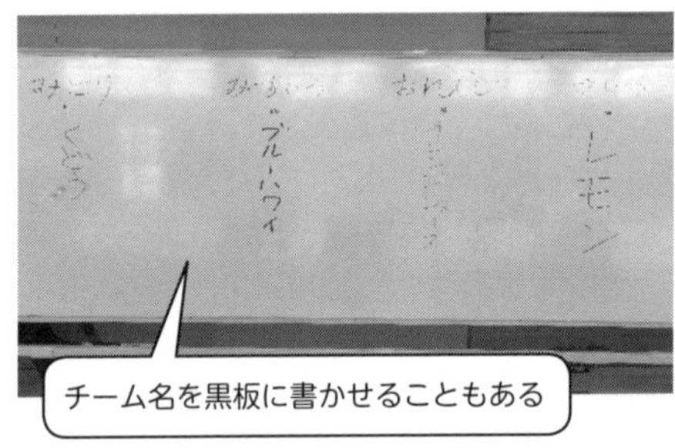

低学年だと、赤の場合、『ウルトラドラゴンスーパーレッド』など長い名前をつける。

15 文字以内と制限するときもある。

教師は、チーム名を覚える。何度か言っているうちに自然と覚えられる。

2 円陣のかけ声を考えさせる

指示：円陣のかけ声を考えます。

指示：できれば、チーム名やチーム名を連想する円陣のかけ声にします。

①赤肉メロン・・・・・・・・仲の良さで相手をメロ（ン）メロ（ン）にさせるぞ！オー！
②コード・ブルー・・・・・すぐに動けるコード・ブルー！
③イナズマ・・・・・・・・相手がしびれるプレーをするぞー！
④ケヤキ・・・・・・・・・ケヤキのように逆風に負けるな！
⑤ホワイトカルピース・・・カラダにプレーにいい！カルピース！
⑥鷹の爪・・・・・・・・・たーかーのーつーめー！おー！

円陣のかけ声ユーモア賞などを授業後にあげることもある。

14 場づくり① 校庭ライン

～遠くを見ること～

目標物を決めて歩く

「まっすぐラインを引けません。」と質問があった。
正確なタイムを計るとき以外は、大体でラインを引いている。
ラインがなくても、サッカーができるクラスがある。
１学期は、体力テストの 50 m走とボール投げのラインぐらいだ。
子供の実態に応じて引く・引かないを考えてほしい。
令和元年度５年生担任のときは、サッカー、走り幅跳び、リレー、鉄棒でラインを引いた。
ちょうど業間休み後なので時間も確保できた。
では、ラインを引くときのコツは、

目標物を決めて歩くこと

である。

目標物（遠くの木）や遠くを見て引く。

ほぼまっすぐに引くことができる。

校庭にロープを張っている学校もある。（土に埋まっている）
このロープを目印にしてもよい。
また自分の歩幅が約○ cm か覚えておくとよい。
歩幅で計ることができる。

15 場づくり② リレーのライン

～ラインカー２つ～

時短を目指す

５年生「リレー」の授業がある。
毎回セパレートコースを半分だけ描いていた。
運動会で、自分で決められたコースを走ることになっている。
また、２走目からは、オープンコースをつくる。以下のような形だ。

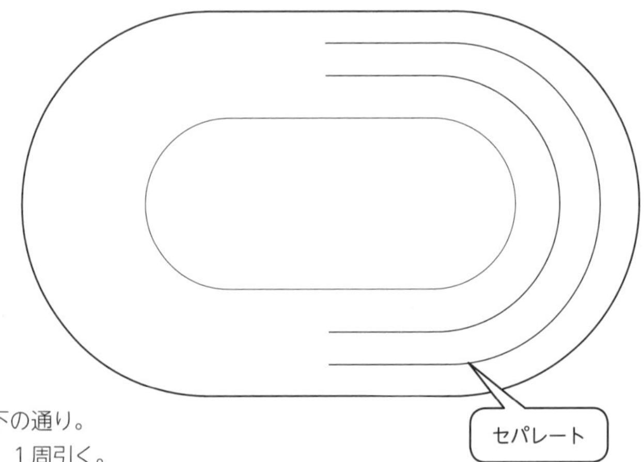

手順は以下の通り。
①内側の円、１周引く。
②セパレート　ラインカーを２つ使って引く。
③引いていないコースをラインカーを２つ使って引く（多少ずれても気にしない）。

他クラスのリレーラインを使用することもある。

16 場づくり③ 円を描く

～中心を決めて描く～

中心を決めて描く

体育では、それほど大きな円を描くことがない。

並べて描くときは、左右のマークのみ描いて、縦の距離は、横の円を見ながら描く。

【中心につま先を置いて描く】

①中心につま先を置く

②つま先を中心に描く

【円の外側に脚を置いて描く】

①周りを歩くように描く

②円の中心を見ながら描く

【印をつけて描く方法もある】

①中央マークをつける	②歩数で左右のマーク	③前後のマーク	④マークを結ぶと円
1	2 1	4 2 1 3 5	4 2 1 3 5

17 場づくり④　コートを引く

〜効率的に動く〜

楽に引ける順序を意識して引く

【4コート引くとする】

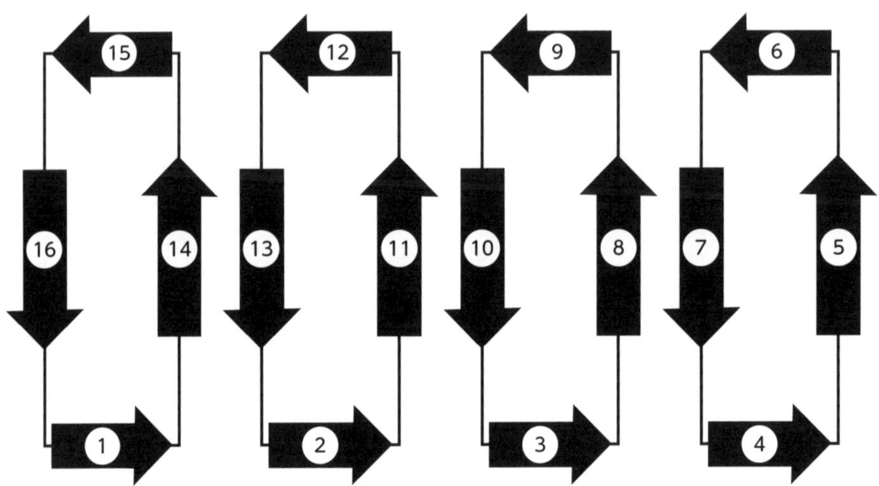

①〜④のように横線を引く。
⑤⑥⑦・・・・とコートを1つずつ完成させていく。

縦は20歩ぐらい、横は10歩ぐらいとアバウトにコートを引いている。

大体でいい。1時間授業をして、狭いと感じたら、2時間目から2、3歩余分に歩けばよい。

効率よく、早く準備できるかが、体育で大切なことである。

時間がないときは、他学年のコートを使うこともある。

また、学年の体育が続く場合は、はじめのクラスがコートを引くことで、そのまま使用することができる。

しかし、時間がないときがある。その場合は、子供が準備運動している間にコートを引くことがある。その際に、子供を見つつ、引くようにしている。

さらに、「○○さん、上手だね。」と声をかけることで、先生に見られているという緊張感が生まれる。

⑱ 場づくり⑤　跳び箱準備

～目印を置く～

置く場所を限定する

①マーカーの上に置く
②跳び箱の位置が明確になる

跳び箱を置く位置に、ケンステップやマーカーを置く。
色別になっているので、どのグループがどこに跳び箱を置けばいいのかが明確になる。

指示：跳び箱を置く位置に、マーカーを置きます。
指示：マーカーの上に跳び箱を置きます。

マーカーを置く順序は、跳び箱が置いてある場所から近いグループに置く。
授業前に考えておくことがある。

教師が事前に、跳び箱を何台使用するのか。
グループ同士でどのくらいの間隔が必要か。

跳び箱の感覚は、『教師の歩幅』で間隔をとっている。これも大体で計っている。
事前準備に時間があれば、ビニールテープを貼っておくのもよい。

⑲ 場づくり⑥ イラストで示す

～置き方までわかる～

■ 置く場所をイラストで示す

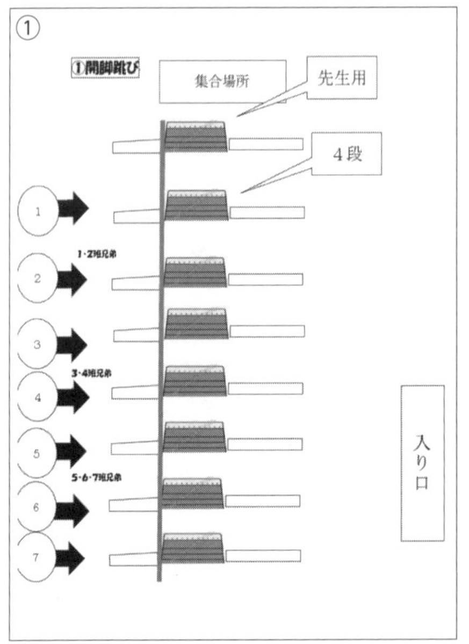

跳び箱をあまり経験したことがない学年の場合は、イラストで示すことがある。
運び方を伝えた後に、指示をする。

指示：イラストのように並べます。

写真①のようなイラストをホワイトボードや体育館の壁に貼る。
教師に聞く前にイラストを見て、置く位置を確認することができる。
イラストだけでは、イメージがわかない場合はある。
そのときは、事前に教師が準備した場を写真におさめておく。

このようにすると、

①どの線にそろえればいいのか。

②何を準備すればいいのか。

明確になる。
教師の準備に時間がかかるが、丁寧に教えたい場合はおすすめである。

20 場づくり⑦　その場で写真をとる

～すぐに活用できるようにする～

置く場所を限定する

２年生のマットを使った運動遊びである。

遊びの中で、基礎感覚を養うことができる様々な場を用意した。

１時間で１つずつ場を追加していく形の授業だった。

では、次の時間は誰が準備をするのか。子供である。

例えば、写真の場で運動したとする。

指示：この場所は、１班と２班が準備をします。

１時間に１つの場を教えて、準備する役割を与える。

しかし、これだけでは、どのような場だったか忘れてしまうかもしれない。そのために、

『写真をとっておく』

Ａ３に拡大して、次時に掲示する。

さらに役割を書いておくといい。

子供だけで準備することが容易となる。

また、中学年でも写真を残すことがあった。（右）

今後の場づくりの記録にも残せるのでおすすめである。

なお、安全面に配慮した上でとることをおすすめする。

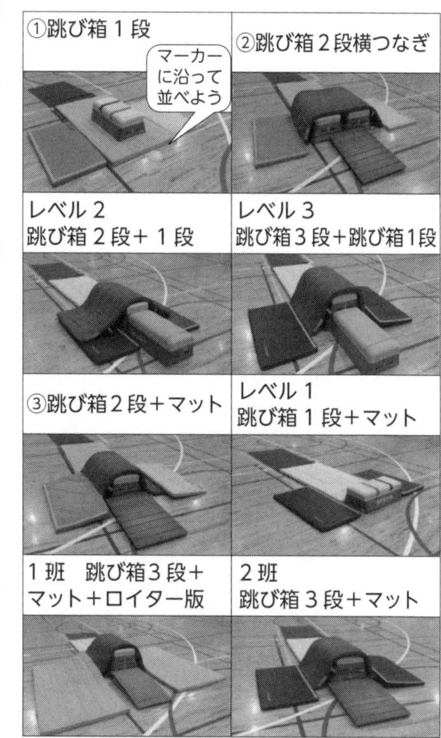

21 場づくり⑧ サッカーとリレー

～視覚的に伝える～

目安を示す

ゴールの間を歩幅で測る

５年生、校庭サッカー。ゴールの間は以下のように伝えた。

指示：ゴールの間は、10 歩です。

子供の 10 歩であるから、だいたい７ｍ弱。

トラバーをコーンに設置したり、ハードルをゴールに見立てたりする方法もある。

では、どこにコーンを置けばいいのか、わからないときは、

指示:先生が置いたマーカーの上にかぶせます。

子供が準備運動をしている間に、校庭にマーカーを置いた。これでゴールができる。

Aコース（2人）
Bコース（4人）
Cコース（3人）
バトンゾーン

また、リレーの場合、跳び箱同様、イラストで説明することがある。

教師が手間をかけた分、子供に伝わることが多い。(また、言葉を削るなどの技術は必要)

右のようにルールを示した場づくりもおこなうことがある。

① 1チーム９人(アンカータスキ)
② 1人１周
③ チームでコースを決め、順番を決める。
④ A コース（2 人）帽子なし
B コース（4 人）赤帽子
C コース（3 人）白帽子

22 場づくり⑨　マット運動

～役割を与える～

■ 目安を示す

誰が何を運ぶのか役割を明確にしている。
今までは、朝の会などで、誰が何を運ぶのか子供に決めさせていた。
体育になると忘れている子がいる。そのため、以下の手順で体育の時間に決める。
５人ずつのグループを決めた後の指示。

指示：１、２列目立ちます。２人で１枚マットを持ちます。

指示：３、４列目立ちます。２人で１枚マットを持ちます。

指示：５列目立ちます。カラーコーンを青線に置きます。

学習指導要領に書かれている『場や器械・器具の安全』として評価をすることができる。
上記の指示で、子供から、
「マットをどこに置けばよいですか。」
という質問がきた。もう一歩詰めた指示を出す。

先生は、白チームをサポートします。
わからなくなったら、白チームをお手本にしてください。

このときに私が見ていることは、
①グループの間隔は適切であるか。
②指示通りの器具の運び方であるか。
もちろん、できていれば、褒めている。

片付けも次の指示で終える。

準備した物を片付けなさい。

これで全員が役割をもって取り組むことができる。次時も、前と同じ場と伝えればいい。
毎回「〇分以内」と時間を計ると、より早く準備や片付けができるようになる。
マットを片付けるときに重ね方も、評価したい。（合格かやり直し）

23 場づくり⑩ 跳び箱運動

～役割を与える～

1 役割を与える

跳び箱もマットと同様に役割を与える。5人ずつのグループを決めた後の指示。

指示：1、2列目立ちます。 跳び箱1段目を運びます。	指示：3、4列目立ちます。 跳び箱5段目まで運びます。	指示：5列目立ちます。 踏切板です。

1、2列目が準備をしたら、マットを持ってくるように指示を出す。またマット同様に、先生は、（真ん中の）赤チームをサポートします。

わからなくなったら、赤チームをお手本にしてください。

2 次の場を意識して準備をする

跳び箱運動の場合、帯で指導することが多い。単元が8時間計画だとする。

6年生では、台上前転と抱え込み跳び、頭はね跳びが指導内容だった。

45 分の組み立てに、台上前転と抱え込み跳びをおこない、帯で指導していく。

45 分台上前転という方法もあるが、帯で段階的に指導する。

（ただし、前転指導等、児童の実態に応じて 45 分台上前転に使うこともある）

その場合、場を変えなければならない。場づくりに以下の方法がある。

【台上前転→抱え込み跳び】

マットを両サイドに置く。

指示：（台上前転から抱え込み跳びの場）赤白黄グループは跳び箱を横にしなさい。

1つの指示で場を変えることができる。

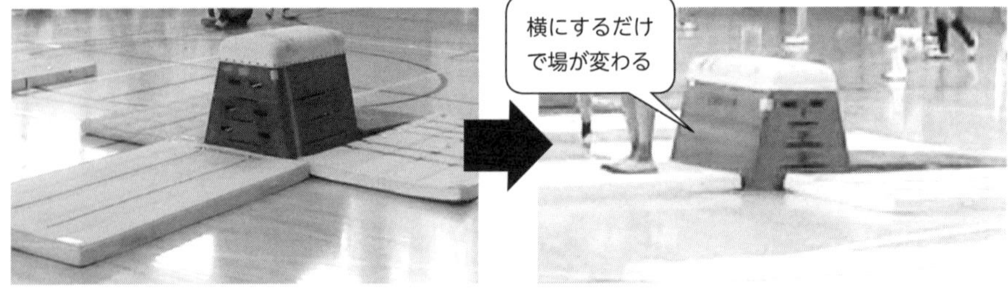

24 場づくり⑪ 走り幅跳び

～体育倉庫～

■ 子供が覚える

走り幅跳びの場づくりである。
いつも通り、子供に役割を与えて、準備をすすめる。

指示：１列目立ちます。 踏切板を持ってきます。	指示：同じ色の踏切板を 持ってきます。※１

指示を出した子から
準備させていく。

※１　前もって、踏切板を体育館入り口に準備、そして１台ずつにカラーテープを貼った。マーカーと対応するカラーテープを貼ることで、どの踏切板を持って行けばいいのか明確にした。

適当に、持ってきてほしいものを言っているのではない。
私の優先順位は以下の通り

①時間がかかるもの
②重いもの
③なくてはならないもの

時間がかかるものから
準備する

子供が体育倉庫から探すメリットがある。
『用具の場所を覚える』ことだ。
低学年の場合は、教師が一緒に探したり、体育倉庫の前に出したりするといい。
一緒にしまえばいいのだ。
ただし、単元前には、私が準備をする用具の確認をしている。
そうでないと、「ありませんでした。」と言われ、信用を失いかねない。
マネジメントは、授業中ではなく、授業前からはじまっている。

25 場づくり⑫ ボール運動の役割

～一人一役～

■ 一人一役を決める

当番一人一役と同様に、一人一人が何を運ぶのか決める。

まずは、教師が計画を立てる。令和元年度５年生、４人８チームの場合は以下のとおり。

１人目：バスケットボール（１人１個）※ボールカゴに入れる
２人目：フラフープ２つ。得点板２つ。ホワイトボード。
３人目：ゼッケン（赤　オレンジ　水色　青　黄色　緑　赤帽子　白帽子）作戦カード
４人目：作戦カード

上記の内容をもとに、事前に指示を考えておく。

指示１：チーム毎に並びます。
指示２：１列目。ボール管理。ボールカゴを責任持って片付けます。
指示３：2列目。フラフープ２つ。（２人）得点板２つ（４人）ホワイトボード（２人）です。
指示４：３列目。ゼッケンです。
指示５：４列目。作戦カードです。

指示：１列目立ちます。
ボール管理です。

指示：２列目立ちます。
フラフープ、得点板…。

早く準備できたチームは、
円陣のかけ声を考えさせる。

得点板をどこに置くなど指示を出す。

早く終わったチームは、ビブスを着たり、円陣のかけ声を考えたりさせる。

令和元年度の体育は、業間休み後の体育が多かった。

全員が休み時間に準備していることが多かった。

「休み時間を準備の時間に使って立派です。おかげで試合時間が長くなります。」と褒めることが多かった。

他学年の遊びの邪魔にならないなら、私はよいと考えている。

26 場づくり⑬ 先を考えた場づくり

～できるだけ簡単に～

■ すぐにできる場づくり

優れた場づくりとは、

①多様な器具・教具が用意されている。
②自己の能力に応じて場が選択できるようになっている。
③自己評価ができるようになっている。
『わかる・できる　根本体育の基礎基本　第５巻』（根本正雄　明治図書）

同著に、『個人差が吸収できる工夫がしてあるとよい』と書かれている。

根本正雄先生に、開脚前転の実践に驚いた。私は、坂道マットや、溝マットを準備した。根本正雄先生は違った。マットを重ねただけで、できない先生方ができるようになった。すぐに準備できる場づくりであった。

私も追試した。すぐにできる場づくりとして、ぜひ実践していただきたい。

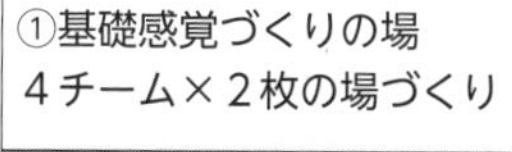
①基礎感覚づくりの場
４チーム×２枚の場づくり

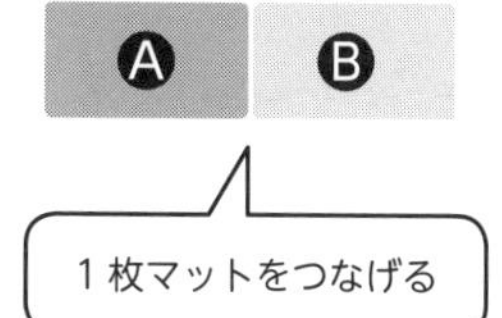

指示:マットを重ねて、４枚、３枚、２枚、１枚の場をつくります。

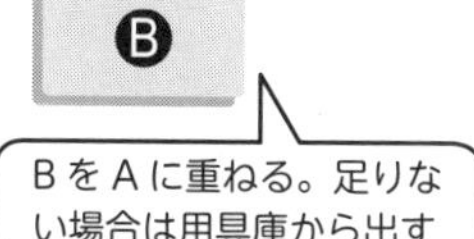

②習熟度別の場
重ねマットの場がすぐできる。

上記のような場づくりになる。それぞれ３回ずつ練習したら、座ります。と指示を出す。教師は１箇所にいるだけで、全員が教師の前を通過する。そこで評価や補助をすることができる。

これらも思いつきではできない。

教師が事前に、どうすれば最短距離、最短時間で運べるのかを考えておく。

シンプルな場づくりで子供たちができるようになる。重ねマットは画期的であった。

27 場づくり⑭ 次の運動につなげる

～空白なしの運動～

テンポ良く進める

集合して指示を出すより、そのまま次の運動につなげることもできる。

【5年　サッカー（模擬授業の様子）】

指示：体育館を1周（校庭を1周）したら先生のところに来ます。

（戻ってきた子から）
指示：コーンを先生が置いたマーカーの上に置きます。

戻ってきた子にコーンを置くことを伝えていく。

指示：コーンとコーンの間にシュート。
決めたら次のコーンを狙います。

自分のボールは自分で取りにいく。
スタートにボールを持って戻る（安全面）。

【5年　ティーボール（模擬授業の様子）】

指示：壁3枚にタッチします。
（校庭の場合は、校庭1周）

指示：○○さんとペアです。
戻ってきた子からペアをつくる。

指示：ペアでキャッチボールをします。

先回りで運動している。先に来た子から運動の指示を与えることで、後から来た子が、何をしているのかだいたいわかる。

28 チーム説明① 跳び箱運動

～一人一人確認する～

■ 一時一事の確認

指示：跳び箱を跳びます。

子供たちは自由に跳ぶ。しかし、いつ跳べばいいのか、跳んだらどうすべきか曖昧である。私が今までしてきた方法がある。

①お手本となるグループで例示をする。
②提示資料を使って説明する。　　※両方とも視覚情報で理解をさせることが可能

最近は、次の方法でおこなっている。

③全員を動かしながら、一時一事で確認していく。

【跳び箱が準備後の流れ】

指示１：１列目、跳びます。

指示２：跳んだ子は黄色線をぐるっと回ります。

指示３：２列目に「いいよ。」と言います。

指示４：２列目は、「行きます。」と言います。

指示５：２列目は跳び箱の横に来たら１列目は列に戻ります。

指示６：（３列目に）なんて言いますか。

一斉に動かして跳ぶ順序を教える。動かしながらルールを体感する方が、覚えが早かった。ルール説明も、一時一事が原則であることを知った。

29 チーム説明② ボール運動

～実況しながらルールを説明する～

■ 実況型ルール説明

ボール運動の試合、口頭で言っても子供の理解は浅い。

少しでもルールを覚えるために、試しのゲームで例示する。その際に、教師が実況中継をする。

【バスケットボールのルール指導例】

①青チームはどこにシュートしますか。

②オレンジチームはどこにシュートしますか。

③真ん中スタート。
（ケンステップを置く）

④Aさんにパス。ドリブルしてシュートを決めよう。

⑤入ったら2点！
自分でめくります。
（得点をめくる）

⑥入れられたチームは
真ん中からはじめます。

⑦オレンジがシュート。リングに当たったら1点です。

⑧ボールカットされた。
そのままシュートをします。

⑨シュート決めた！（見ている人に）何点？次どうする？

この例示をするチームは、ルール理解が困難な子がいるチームを選んでいる。ルール説明のゲームと、実際の試合を含めて2回ルールを体感することができる。見ている子にも確認しながら説明する。

30 得点をデータ化

～変容が一目でわかる～

情報機器を活用

①

総得点	①	②	③	④	⑤	⑥	⑦	⑧	⑨	⑩	⑪	⑫	計	平均
レッドドラゴン	0	2	2	6	6	1	13	2	6				38	4.2
海常	1	3	6	0	4	6	10	9	3				42	4.7
BLUE PLANET	1	0	3	5	8	3	4	7	4				35	3.9
Greeeeen	1	1	5	2	2	5	4	10	1				31	3.4
キャロット もぐもぐうさぎちゃん	1	0	2	6	8	10	3	6	13				49	5.4
ピンキー	3	3	9	11	6	18	14	9	11				84	9.3
チームオラフ	8	0	5	4	8	8	9	5	12				59	6.6
ブラックサンダース	2	0	5	5	11	13	0	7	16				59	6.6

②

総人数	①	②	③	④	⑤	⑥	⑦	⑧
赤	0	1	2	2	2	1	2	1
黄	1	2	2	0	1	1	2	1
青	1	0	2	2	1	1	1	2
緑	1	1	2	1	1	2	2	3
オレンジ	1	0	2	2	3	2	1	2
ピンク	2	1	3	4	2	4	3	2
白	2	0	2	2	3	3	2	2
黒	1	0	2	3	3	3	0	2

③

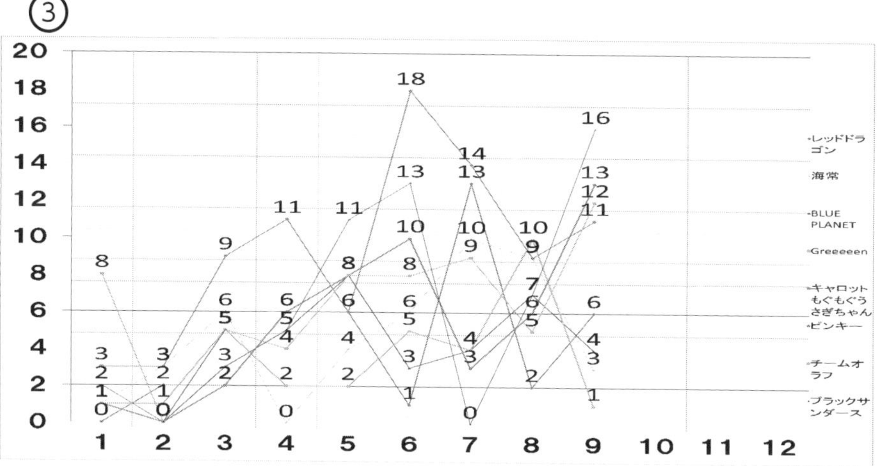

体育館に PC、TV など設置してあった。そこで、Excel で点数計算をした。
点数の伸びをその場で確認することができた。

①試合ごとにチームの得点を入力する。(子供が点数を入れる)
②１試合で点数を入れた人数を記録する。
③点数の伸びを確認して、大きく伸びたところの作戦を聞くなどしている。

また、点数が落ちてしまったチームの支援をする。

1 安全① 鉄棒運動

～お互いが向かい合う～

■ 子供同士向かい合って運動をする

鉄棒の場合、回転する人は、待機している子の方を見て運動する。

反対側（写真でいうフェンス側）を向くと、回転技で、後ろに人がいたときに接触してしまう。

周囲の安全確認を含めて、待機している子と向かい合って運動する。

待機線を設けることで、接触防止になる。

また、右写真のように、鉄棒をもって、下をくぐることで、頭をぶつけることもない。

それでも、右写真のようにできない子は数名いる。

その場合は、その子のそばに立ち、

「手の持ち方は、こうしますよ。」

と支援すればよい。そして一度伝えたことができれば、褒めることで行動を強化することができる。

2 安全② パスをおこなう

～投げる場所を固定する（体育館編）～

投げる方向や場所を固定する

体育館でバスケットボールを使ってパスをする。

指示：２人組。パスをします。

この指示だけだと、バラバラにパスをしてしまい、けがをする恐れがある。だから次にようにする。

指示：２人組。

指示：足じゃんけん。

指示：勝った人？　ボールを１個取りに行きます。

指示：負けた人？　緑の線に並びます。

ボールを取りに行った子が戻ってくる。

指示：勝った人は、負けた人と向かい合います。

指示：緑の線です。

つまり、等間隔で、全員が同じ方向でパスをすることができる。(写真①)

①

指定した線から投げる

人数が多いクラスだと、１列に並ぶことが難しい。

そのため、次のように指示を出す。

指示：男女２人組。

指示：女子の出席番号１～８は校庭側の緑線。

指示：女子の出席番号９～１６は道路側の緑線。

指示：男子は内側の白線です。

言葉だけでは伝わらない場合は、教師が、指で示す。

もしくは、カラーコーンを置くなど工夫することができる。(写真②)

②人数が多い場合は２列にしてパスをする

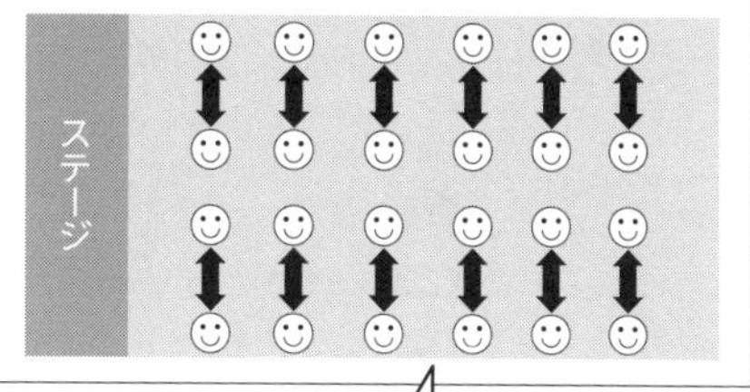

２列つくることで広くなる

このように、投げる場所を固定することで、安全を意識した場となる。

ゲームの発展として、

指示：１回ずつキャッチしたら１歩下がります。

このようにすると、慎重にパスをとろうとする。

③ 安全③ 安心してパスする

～男子と女子の位置～

パスをする位置を固定する

校庭にラインを引いたり、体育館にラインを使ったり、カラーコーンやマーカーなど目印を置いて、パスする位置を固定するとよい。

勤務校の場合、サッカーの単元が３学期に位置づけられている。

そのため、他学年の先生が引いた線を利用するときがある。（もちろん自分が引いてもよい）

指示：男女２人組。

指示：女子は校舎側の白線。

指示：男子は、道路側の白線。

指示：パスをします。

ここで大切なことがある。女子は壁側にする。

男子は経験者が多い。相手のことを考えても、強いパスがいくことがある。女子は取り損ねても、壁にぶつかるからすぐに取りに行ける。

女子は男子に向かって思い切り蹴ればいい。

男子は走らせた方がいい。これぐらいが面白い。

4 安全④ ハードル

～持ち方と跳ぶ方向を教える～

■ 投げる方向や場所を固定する

体育では用具を使用することが多い。
ボール、ゴール、コーンなど。
高学年の陸上運動にハードルがある。運び方、跳ぶ方向を必ず教える。
用具の使い方を教えるのも教師の仕事である。

指示：脚を持つ（子供：脚を持つ）

指示：脚のある方から跳ぶ
（子供：脚のある方から跳ぶ）

①例示する

教師は持ち方を示す。その際に必ず、復唱させている。『音』で理解をさせる。繰り返し言うことで、頭の中にインプットされる。

②悪い例を見せる

脚が無い方から跳ぶとどうなるのか示す。
するとハードルが倒れない。
ハードルに脚がひっかかるとけがをすることを告げる。（右写真）

悪い例を示すことで、けがに繋がることを教える

③語る

> 高学年になると、安全に気をつけるではなく、『気を配る』という評価になります。自分は安全だと言って、周りの子をけがさせてしまったら、評価はCです。正しい用具の使い方を知り、他の人のために気を配れる人がAをとる子です。つまり体育が得意な子です。

陸上運動の『学びに向かう力、人間性等』の評価と結びつけていい。

5 安全⑤ ボールをしまう

～ボールを減らす工夫～

■ ボールを転がさない

ボールを転がさない工夫はたくさんある。

①フラフープの中に、チームごとに入れなさい。
②ボールカゴにしまいなさい。
③体育倉庫に戻しなさい。
④朝礼台の下にしまいなさい。

とにかく、ボールをコート内に転がさないようにすることがポイントだ。
私は、ボール運動で、次のことを意識する。

運動が進むにつれてボールの数を減らしていく

主な流れを紹介する。
(例) バスケットボール

①準備運動（1人1個）

②ピボット（2人で1個）

③チームシュート(チームで4個)

④対面パス（チームで1個）

⑤戦術学習（2チームで1個）

⑥試合（2チームで1個）

上記の流れで使用するボールを減らした。③まで、体育館の真ん中にボールカゴがある。真ん中に置くことで、すぐにボールを減らすことができる。また④に入るときに、カゴを邪魔にならない場所に移動するよう子供たちにお願いをした。結果、④以降、カゴがない。

自然にボールを減らすことができた。

6 安全⑥　軌道をそろえる

～ぐるっとコーン～

軌道をそろえる

マット上で技を終えたら、どのように戻るだろうか。
そのまま横から、スタート位置に戻ることもありだろう。
私のクラスでも横からスタート位置に戻る子がいた。
次のように言った。
『マットの横から出ません。まっすぐ抜けます。』
まっすぐ抜けるまでが演技なのだ。
マットをまっすぐ抜けるためにコーンを置いている。

指示：コーンをぐるっと回って戻ります。
コーンを回ることで、友達との接触を防ぐことができた。
１回目、コーンを回らないでマットの横から戻る子がいる。
次のように対応する。

> 近くに行って、
> 「コーンを回るんだよ。」
> そうだよ。よくできたね。次もできるかな。（確認）
> できたね！　安全にできている人は体育が得意な人だよ。

さりげなく対応するのがいい。

7 安全⑦ 一定方向に跳ぶ

～軌道をそろえる～

跳ぶ方向をそろえる

マットと同じで、スタートとゴールを統一すると、子供同士の接触防止となる。
ハードルの授業。3人に1つのハードル。

指示：先生がやめと言うまで、跳びます。

私は技量に自信がなかった。この指示により、様々な方向から走り出し、跳ぶグループがあるのではないか。接触してけがをしてしまうかもしれない。

そこで、次の指示を出した。

指示：先生がいる方向に向かって跳びます。

目標物があれば、

指示：体育館に向かって跳びます。

そうすると、跳ぶ方向がそろった。

指示：（場所：○○）に向かって跳びます。

そのあとの場づくりも同じ方向に跳ぶ。

跳び箱も同じである。

指示：（場所：○○）に向かって跳びます。

そのあとの場づくりも同じ方向に跳ぶ。

マネジメントで効率的に進めるのもいい。それよりも大事なのが安全面である。
様々なことに配慮していきたい。

安全⑧　２つ目でスタート

～合図なしで運動する～

■ 合図なしでスタートする

教師の笛や太鼓の合図で子供が次々とスタートしていく。

確かにこの方が適切な間隔をとることができるので、安全かもしれない。

そうすると、全体を把握することができるが、合図を出さなければいけないので、個別に支援をすることができない。

そこで、前の人がどこまで行ったら、スタートをするか決めるとよい。

【マット運動】

指示：前の人が１つ目のマットを過ぎたら次の子がスタート。

教師の合図なしでスタートすることができる。

【走り幅跳び】

指示：前の人が砂場を抜けたらスタート。

【鉄棒】

指示：戻ったらタッチして交代。

このきまり通りにしていない場合は、個別に対応、もしくは全体に、

指示：（鉄棒の場合）○人が友達とハイタッチをしていませんでした。やり直しです。

と、つめることもある。

9 ルールと場づくり

～安全を考慮した場づくり～

■ 最後まで見届けること

走り幅跳びの指導、勤務校の砂場で６コースつくった。
前レポートで示したように役割を決めて、場の準備をした。
まずは、跳び箱同様、軌道を教える。

①１列目、踏切板を跳んで砂に着地します。

②終わったら、鉄棒の下をくぐります。※1

③前の子が鉄棒をくぐったらスタートします。

④４列目はいつスタートしますか。

⑤教師の指示なしで、はじめた子を褒める。

⑥メジャーをコース代わりに使用。距離も測れて便利だった。

※1　砂場の奥に、鉄棒がある。そこまで歩かせる。こうすることで、砂場の横から出ることがない。

それでも、横から出てしまう子がいる。
全体の動きを止めて、指示通りできている子を手本として再度見せる。
「横から出るとどうなりますか。」「どこをくぐりますか。」と問う。
できないときは毅然とやり直すとよい。
できるようになるまで、安全面に関しては、最後まで見届けるとよい。

【再度確認】

10 立ち位置① 適切な距離

～安全な位置を把握する～

■ 安全な位置を把握する

教師の立ち位置について、指導場面に合わせて適切な位置を把握しなければならない。

立つ位置を意識することで、

①効率的で安全な指導を行うことができる。

②どこで何を見るかが明確になる。

なんとなく立っているだけだと、死角ができ、思わぬ事故が発生する。

またやみくもに動いても『何を見る』のか意識しないと無駄な動きとなる。

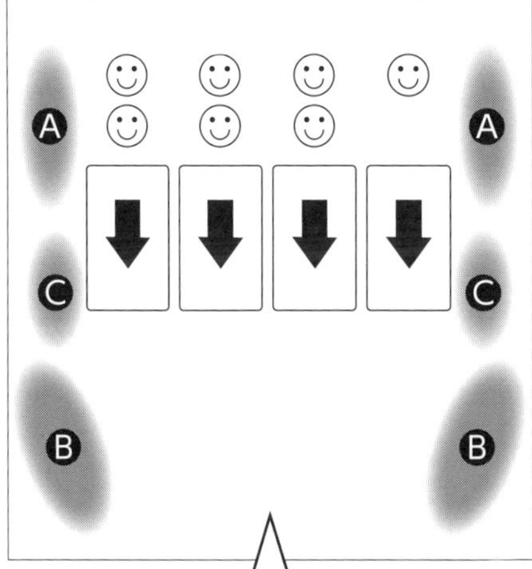

↑立つ位置によって見え方が変わってくる。苦手な子を端のマットに集めて指導していても、全体が見えているので死角が少ない。

Aの位置：マットから約４ｍ離れると全体が見やすい。

Bの位置：マットから約８ｍ離れると全体が見やすい。

Cの位置：マットから約１ｍ離れると、１つのグループが見やすい。

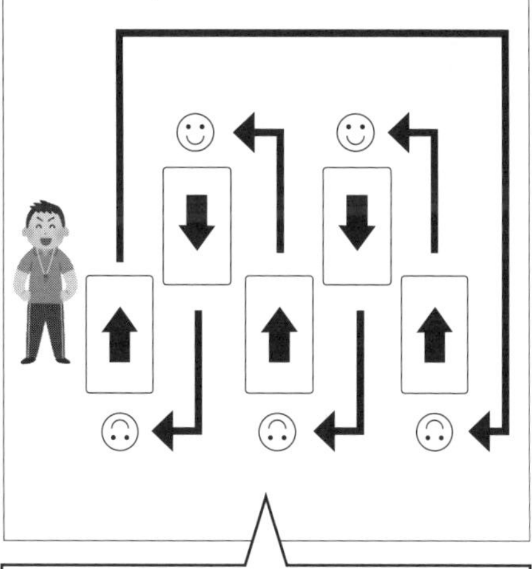

↑教師が一定の位置に立ち、約４ｍ離れると全体を見ることができる。

また、子供が順番にマットをまわってくるので、必ず教師の前を通過することになる。

教師を通過したときに、評価や補助をすることができる。しかし、苦手な子にかける時間は少なくなる。

教師の立つ位置によって、見え方が変わってくる。

授業前に場をつくって、どの場所からどのように見えるのか把握し、何を（誰を）見るのかはっきりさせたい。

11 立ち位置② 全体が見える位置に立つ

～跳び箱運動～

1 全体が見える位置に立つ

経験が浅い教師の授業を見ると、ぶらぶらと歩き回っていて、素晴らしい指導をしていないことが見られる。教師はどこに立って指導したら一番効率がよいのかいつも考えながら指導するとよい。

写真①のように跳び箱を並べたとする。
(跳び箱6台　横一列)

6人が跳ぶ姿を見通せる位置に立つとよい。

もし危険な跳び方をしたりしていた場合、とっさに声を出したり、指導したりすることができる。

跳び箱の間に入ると、前方はよく見えるが、背後は見えない。一斉に跳び子供を1人ずつ評価していくときには、このような位置に立つのが望ましい。

2 全体が見える位置で補助をする

私の場合、右から来た子に対して補助がしやすい。

場づくりを工夫する。教師の立ち位置に近い方から易しい場にする。苦手な子が集まるような場にする。

そうすると全体を指導しながら、苦手な子に補助することができる。(写真②) (写真③)

いずれにせよ、左から来た子に対して補助できるように技量を高めていきたい。

3 体育倉庫に近いところに場をつくる

場づくりをしていく上で、体育用具庫に近い方に苦手な子でもできる場づくりがよいことがある。

補助をするための用具の出し入れが簡単だから。

6年生『抱え込み跳び』指導をしていて、反省したことでもある。私の場合、右から来た子の補助がしやすいので、スタートを左方向からにする。

写真③でいうと正反対の位置で場づくりを行えば、用具庫の近い位置で苦手な子に指導ができ、かつ準備も簡単にできた。

教師に近い方に易しい場づくりを設定する

⑫ 立ち位置③　部分が見える位置に立つ

～マット運動～

■ 部分が見える位置に立つ

原則は、⑩(P75) で示した全体と一部分だけを見るときの立ち位置もある。
完全に死角をつくらないようにするのは、困難である。
ただ、一部分を見ているようで全体を掌握することはできる。

部分に立つときは次のようなときである。

①つまずきを発見するとき
②個別指導をするとき
③補助をするとき

マット運動で、どうしても開脚前転がスムーズにできない子がいた。
こういうときには、その子の動きがよく見える位置にいって、つまずきの原因をよく見ることである。
手の平で体重が支えられないのか。
足を開くタイミングなのか。
よく見ることだ。
つまずきを発見したらそのつまずきに応じて個別指導していくとよい。
そのときも部分がよく見えるところに立ち、少しでもよいところ、伸びが見えたら、褒めたり励ましたりする。
また、補助をするときに、体を回したり、動きを引き出したりするから近くにいることも大切だ。

【開脚前転　補助例】

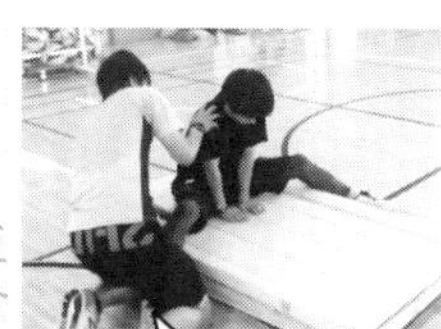

まずやってみさせて、つまずきを発見する。
開脚前転はほとんどが回転のスピード不足が原因だ。
①やったことを褒める。
②個別指導。足を開くときは手をつくとき。
③補助でおしりをもって、完成形をイメージさせる。

⑬ 立ち位置④　子供が動く

～陸上運動～

■ 関所をつくる

場づくりをする。教師がそれぞれの場づくりを見回ることもできる。

他に、教師は動かずに、子供が動いて、教師の前を通過するシステムがある。関所という。

例えば、５年、走り幅跳び。以下のような場づくりである。

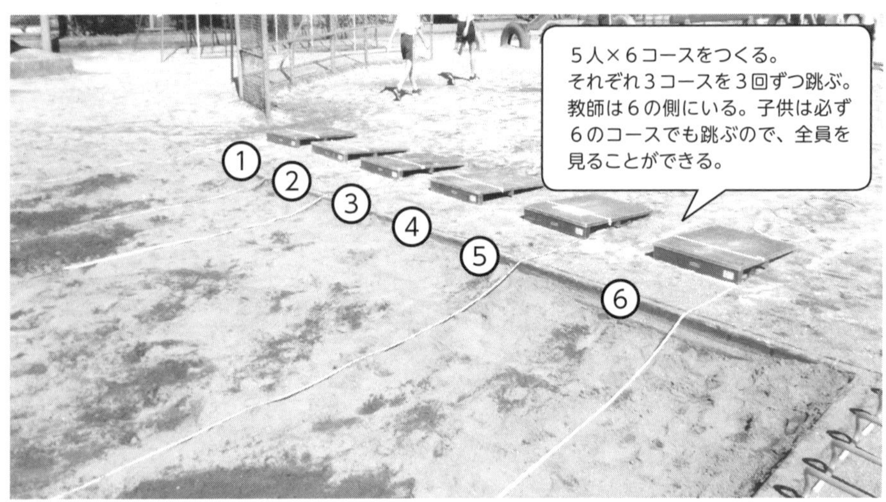

走り幅跳びのように、狭い空間でおこなう単元は、部分が見える位置がよい。

また、教師に立ち位置を固定して、次の指示を出す。

指示：６コースあります。それぞれ３回跳んだら座りなさい。

こうすることで、教師が立っているコース（⑥）に全員が来るようになる。教師が動かなくてよい。

それでも、来ない子がいる場合は、次の指示。

指示：先生のところで１回チャレンジした子は帽子を赤にします。

他にもシステムを変えることも可能。

指示：先生の笛の合図で、①は②に、②は③に移動します。

このように指示をすると、グループ単位で移動する。

そのため、じっくり指導することが可能だ。器械運動でも応用できる。

⑭ 立ち位置⑤　見るチームを決める

～ボール運動～

全体と部分を交互に見る

45分間、全体だけを見ていたのではできない子が多く出る。
だからといって、部分だけを見ていたのでは、全体の流れ、動き方がよくわからない。
そのため、全体の課題や問題をつかむことができない。
そこで全体を見たり、部分を見たりしていくことが大切である。
全体を見ないといけないときはいつか、それは何のためなのかを、きちんと押さえる。
よい動きを見つけるときには、部分を見て、探す必要がある。
しかし、全体を集めてそのよい動きを示すには、全体がどの程度できているのか見極め、効率的なタイミングを見て集める。そのときは、全体を見るわけである。
このように、目的に応じて全体と部分を交互に見える位置に立って指導していく。

ボール運動の場合、『今日は○チームと○チームを見る』と決めておく。
45分で全チームを見てもよい。私はそこまで技量がないため、限定して見ている。

①ボール慣れは、全体を見て指示を出す。全体が見える位置（角）にいることが多い。

②試合やチーム練習は負けているチームか、見ると決めたチームの側にいる。

ボール運動の場合、目標に沿った動きがいつできているのか観察することが難しい。
だからこそ、見るチームを限定すると評価もしやすい。
ちなみに、限定して見ている＋遠くのチームの動きを褒めると、
『先生に見られている』
という圧をかけることもできる。遠くを褒めることも技術だ。

⑮ 立ち位置⑥　教師を見る指示

～魔法の言葉～

先生におへそを向ける

なわとびで整列しておこなう必要性がなかった。

「広がります」という指示がなくても、高学年の場合、縄がぶつからない位置に移動している。

ただ、向いている方向がバラバラだった。

指示：先生におへそを向けます。

この一言で、ほとんどの子が教師の方を向く。ほとんどなので、向かない子もいる。どうするか。

次の時間は、向かなかった子の近くに教師が立つ。

他の子は、指示通り、おへそを向けることができる。

「○○くん、おへそを向けなさい。」と言う必要がない。

教師が近づくだけで、「圧」がかかるからだ。

⑯ 立ち位置⑦　３人以上で指導する

～三角形でプール監視～

■ プールの監視は三角形でおこなう

文科省「水泳指導と安全」を読むことをおすすめする。
P126 に次のように書かれている。

（1）監視者の位置
　監視者の位置は、プール全体を見わたすことができ、プールの角部分などが死角にならないようなところとします。また、必要に応じて指導者の他に教諭、養護教諭及び保護者等で監視係を設けることも考慮する必要があります。
（2）監視の要点
○ 水面上はもちろんのこと、水底にも視線を向けること。
○ 水深が急に深くなるような部分や、水面がぎらぎら反射するような部分には特に注意すること。
○ プールの安全使用規則を無視する者には直ちに注意を与えること。
○ 監視に必要な物品、例えば笛、メガフォン、救急用具等を用意しておくこと。
○ 監視員は水着を着用していること。

前任校で、以下の立ち位置にいることを図で示していた。

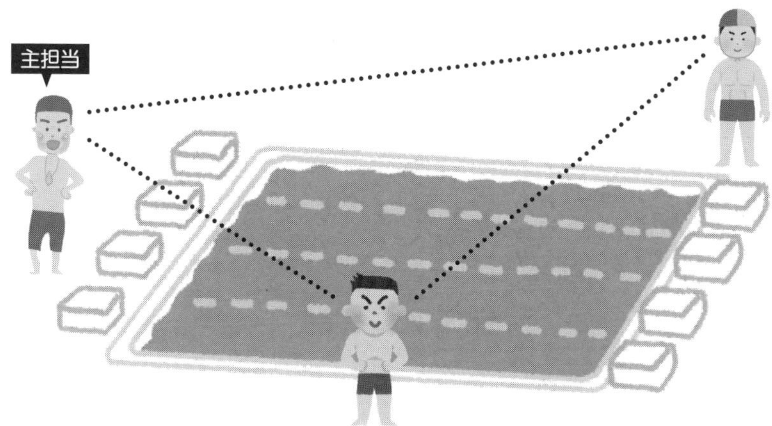

主担当は基本的に動かない。他の先生方が主担当を中心に、三角形をイメージして動く。
担当する教師がいればいるほどよい。万が一の事故に備えたマニュアルは学校で確認したい。

 見学者に課題を与える

～見て学ぶ～

■ 見学者は記録をとる

体育着を忘れたり、けがをしたり、体育を見学する子がいるだろう。
指示を与えないと、見学ではなく、『遊ぶ』子が出てくる。
見学する場合、次のように語る。

> けがをしたり、うっかり体育着を忘れてしまったりして、体育を見学することがあります。（板書　見学）
> 見学とは『見て、学ぶ』と書きます。友達の動きを見て、学ぶ大切な勉強の時間です。ノート（プリント）に授業の感想を書きます。

児童のノートを紹介する。

4/20
めあて
運動のコツを見つけよう
・けんけんぱ…リズムにのる(太この音)
・かえるとう立…バランスよく
・行動…速くてきぱき
・ビブス上げ…よくみる　よくみる＋高くジャンプする　上を見ながら、キャッチする，高く上げて、上をみながらはくし，する。低ところでキャッチひざをまげる。頭で、コントロールする。
・ビブスキャッチボール…声だし、アドバイス・ボールのところにい動（2人組）息を合わせる。上下に投げている。リズムで、声だししている。投げたらふりむいている。走るときに走るスピードを考えている，ためる。右の人がビブスを集中する(相手ーの)とかけ声をかける。

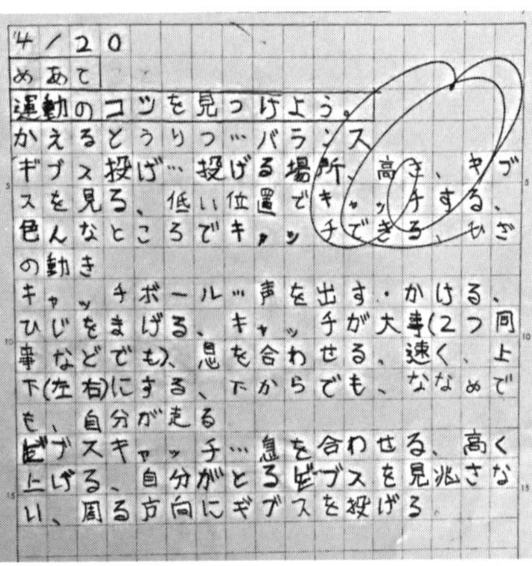
4/20
めあて
運動のコツを見つけよう。
かえるとうりつ…バランス
ギブス投げ…投げる場所、高さ、ギブスを見る、低い位置でキャッチする、色んなところでキャッチできる、ひざの動き
キャッチボール…声を出す・かける、ひじをまげる、キャッチが大事(2つ同事などでも)、息を合わせる、速く、上下(左右)にする、下からでも、ななめでも、自分が走る
ビブスキャッチ…息を合わせる、高く上げる、自分がとるビブスを見逃さない、周る方向にギブスを投げる

（↑ギブス＝ビブス）

指示：見学した○○さん。30 秒感想を言ってください。

必ず、見て学んだことを発表する時間をとる。これも思考の評価としてありだと考える。

はじめは、「何を見るのか」観点を示すとよい。私は、以下のテーマで書かせることがある。

①運動のコツを見付けよう。
②友達のいいところを 10 個見付けよう。
③先生が何回褒めたか数えよう。（教師修業）
④先生が誰を褒めたのか記録しよう。（教師修業）
⑤体育の様子を絵にしよう。（低学年）

もちろん、体調不良の子は、保健室で休ませることもある。

特に水泳指導の見学は、暑さもあるので水筒を持たせるなど工夫したい。

試合の合図を決める

～時間通りに終わる試合～

■ 試合時間をコントロールする

校庭や体育館で、ボール運動の試合がはじまる。
私は、同じ時間ではじめられるように笛の合図を決めている。
映像は、（ピッ）あいさつ、（ピッピッ）円陣となっている。

（ピッ）あいさつ

（ピッピッ）円陣

（ピッピッピッ）試合開始

教師が試合時間をコントロールする。
はじめと終わりを統一することで、誰もが同じ時間運動することができる。
しかし、これは１学期の話だ。
準備に差が出はじめる。早く整列しているチーム、遅いチーム様々だ。
次のような展開ができる。
（試合後、集合させて）

> 言われたチームは立ちます。赤、青。この２チームが一番速く整列しました。
> 他のチームは、赤、青から 30 秒遅れてスタートしました。
> 30 秒、持久走だと校庭１周の差ですね。
> すぐにはじめられるチームは、周りを考えている人たちです。本当に素晴らしいです。

また、準備できたチームから進めることもある。
指示：（一番速く整列したチームに合わせて）ピッ。
指示：ピッピッ。（円陣）
指示：ピッピッピッ。（試合開始）

> 赤と青が一番速く試合をはじめました。他のチームより 30 秒速い。だからボールにたくさん触ることができて、上手になりますね。

笛で試合時間をコントロールする。
学級の実態に応じて活用したい。

③ 時間をコントロールする

～子供の達成感を高める～

■ 時間をコントロールする

バスケットボール、2分間シュートゲームをした。

ゴール前に並んで、45度の角度からシュートをする内容だ。

8時間で、クラスで500点とれるといいねと話をした。

8時間目、あと90点とらないといけない。このままでは子供の達成感を味わわせることができない。

そこで、『3分間シュートゲーム』にした。

なんと、平均80点が8時間目に120点をとった。

全員が「やった――！」と声に出して喜んだ。

2分間シュートゲーム　クラス目標　8時間で500回

	6時間目	7時間目	8時間目
赤	11点	13点	
緑	13点		
白	10点	15点	
合計	73点	86点	

私は、よく時間コントロールをする。

例えば、なわとび、20秒で何回跳べるか計測する。

1回目を18秒で終わらす。

回数を聞く。そしてコツを共有して2回目。

21秒にする。すると、ほとんどの子の記録が伸びる。

指示：20秒　前跳び。
指示：ペアの子は回数を数えます。
指示：はじめ。
指示：10回・・・20回・・・・40回？　すごい。
発問：○○さんの（　　）が上手です。探します。
　・つま先で跳んでた等
指示：もう一度。はじめ。
指示：前回よりも記録が上がった人？

体育集会の長縄練習。1年生は跳べない。記録が伸びない。

そのため、2分間で跳ばせて回数を確認して、再度挑戦。3分時間をとると、歓声が上がる。

教師だけが時間をコントロールできる。

あまり多用すると、気付かれてしまうこともあるので、気をつけたい。

④ 休憩について

～適切な時間をとる～

■ 適切な休憩時間をとる

体育で休みをとることを考えていなかった。

しかし、熱中症で校外学習後に死亡するという事故が発生したことを受けて、適切な時間の休憩をとることが学校で決まった。

例えば、運動会練習や水泳指導では、必ず５分程度の休憩を設けることにした。

休憩時は、疲労の回復に努めさせることが原則である。

○盛夏の暑いときや紫外線の影響が強いと考えられるときには、タオルで身体を覆わせたり、休憩テントの中で待機させるような配慮も必要です。また、激しい運動の際や水温が高い時などは熱中症の危険があるため、十分な水分補給をさせるなどの配慮をしましょう。

○気温や水温が低い場合には、衣服を着用させたり、暖をとるための運動、水泳の陸上練習などを取り入れる工夫が望まれます。　『第４章　水泳指導と安全』(文部科学省)

また、熱中症関連について、文部科学省×学校安全ＨＰに次のように書かれている。

〈熱中症予防の原則〉

1　環境条件を把握し、それに応じた運動、水分補給を行うこと
2　暑さに徐々に慣らしていくこと
3　個人の条件を考慮すること
4　服装に気を付けること
5　具合が悪くなった場合には早めに運動を中止し、必要な処置をすること

文科省×学校安全『https://anzenkyouiku.mext.go.jp/heatillness/index.html』

６月～10月の体育では、休憩を３分程度とるようにしている。これもマネジメントの時間に含まれる。

厳しい暑さのときには、体育をしないようにするという勤務校のきまりがある。

子供の体調管理ができるのは教師である。

「休憩しなくてもいい。」という子もいるが、私は念のため水分補給をさせている。

見学者も同じだ。

日陰で見学をしたり、保健室で待機したり、配慮をすることが大切である。

一度好きなときに水分補給を可としたら、規律が乱れた。

一斉に休憩することをすすめる。もちろん保護者にも、体育で休憩していることを伝える。

5 提示資料を用意する

～単元の流れを追記する～

■ 何を学んだのか振り返る

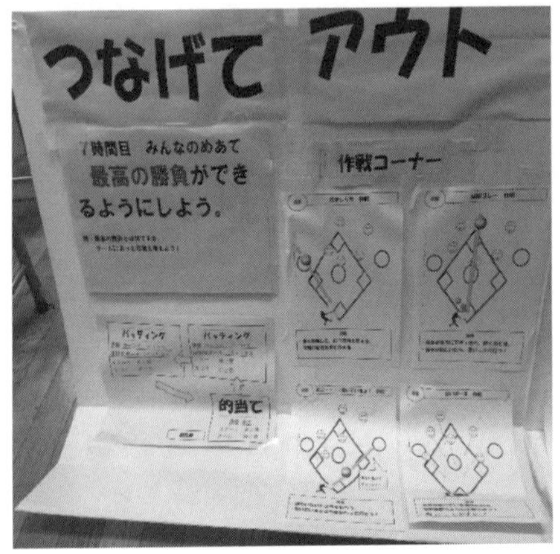

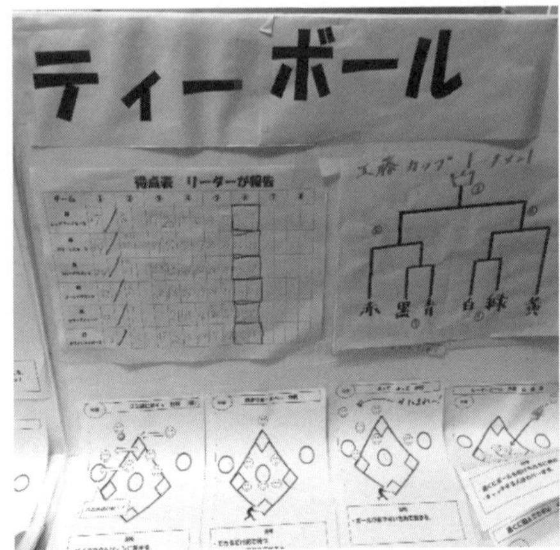

（例　4年ティーボール）

「見栄え」「必要なし」といった意見もある提示資料。

毎時間準備するのは大変だが、年に数回、私は作成するときがある。

①単元の流れがわかる。（どこで何を学んだのか理解できる）
②作戦カードを貼ることができる。（作戦を選ぶ手立てとなる）

前任校では、校庭に掲示板がなかった。

そのため、ホームセンターでプラスチック段ボールを購入して作成した。

ネットに引っかけられるように洗濯ばさみをつけて終了。

一度つくればずっと使うことができる。

学年で共有するときもある。作戦カードを増やせるという良さがある。要するに使い方次第である。

飾りで終わってしまっては意味が無い。

目的を持って使用することで、子供の学びを深めることはできる。

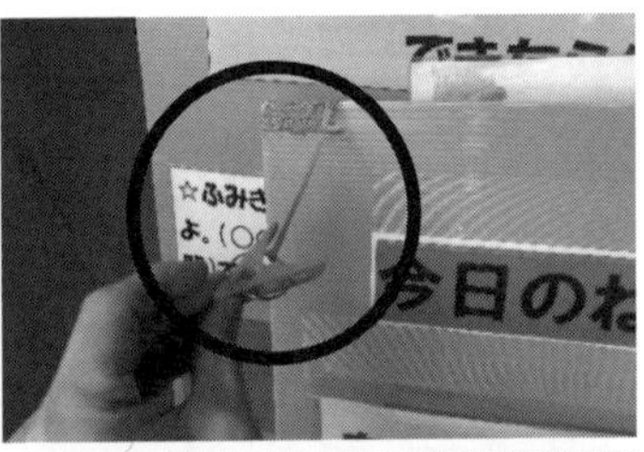

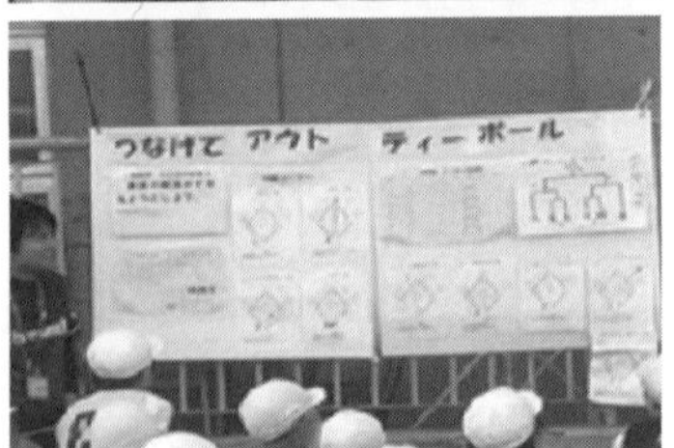

6 つまずきシートを作成

開脚前転

開脚後転

～子供同士でアドバイス～

■ つまずきシートで相互評価

〈開脚前転のつまずきと指導のポイント～重ねマットが効果的～〉

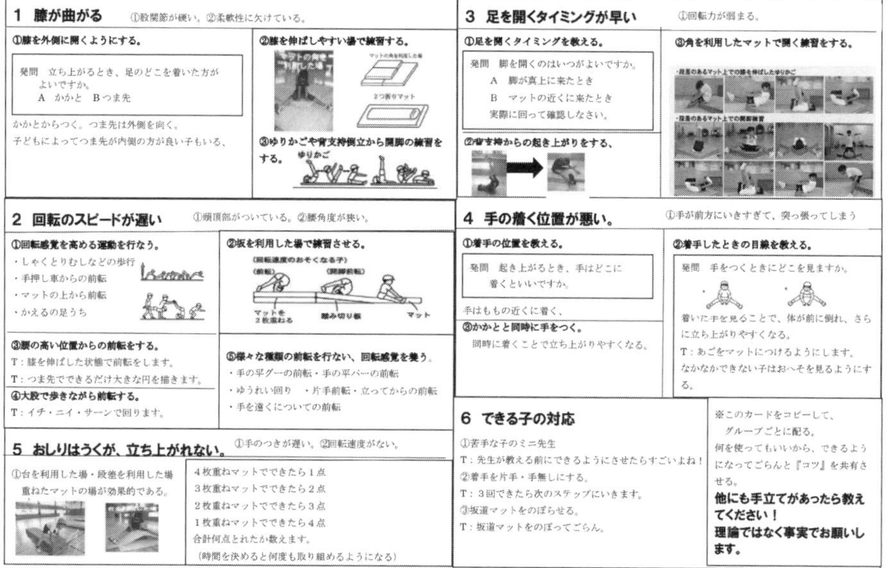

1　膝が曲がる　①股関節が硬い。②柔軟性に欠けている。

①膝を外側に開くようにする。

発問　立ち上がるとき、足のどこを着いた方がよいですか。
A　かかと　Bつま先

かかとからつく。つま先は外側を向く。
子どもによってつま先が内側の方が良い子もいる、

②膝を伸ばしやすい場で練習する。

③ゆりかごや背支持倒立から開脚の練習をする。

2　回転のスピードが遅い　①頭頂部がついている。②腰角度が狭い。

①回転感覚を高める運動を行なう。
・しゃくとりむしなどの歩行
・手押し車からの前転
・マットの上から前転
・かえるの足うち

②坂を利用した場で練習させる。

③腰の高い位置からの前転をする。
T：膝を伸ばした状態で前転をします。
T：つま先でできるだけ大きな円を描きます。

④大股で歩きながら前転する。
T：イチ・ニイ・サーンで回ります。

⑤様々な種類の前転を行ない、回転感覚を養う。
・手の平グー…の前転・手の平パー…の前転
・ゆうれい回り　・片手前転・立ってからの前転
・手を遠くについての前転

3　足を開くタイミングが早い　①回転力が弱まる。

①足を開くタイミングを教える。

発問　脚を開くのはいつがよいですか。
A　脚が真上に来たとき
B　マットの近くに来たとき
実際に回って確認しなさい。

②背支持からの起き上がりをする、

③角を利用したマットで開く練習をする。

4　手の着く位置が悪い。　①手が前方にいきすぎて、突っ張ってしまう

①着手の位置を教える。

発問　起き上がるとき、手はどこに着くといいですか。

手はももの近くに着く、

③かかとと同時に手をつく。
同時に着くことで立ち上がりやすくなる。

②着手したときの目線を教える。

発問　手をつくときにどこを見ますか。

着いた手を見ることで、体が前に倒れ、さらに立ち上がりやすくなる。
T：あごをマットにつけるようにします。
なかなかできない子はおへそを見るようにする。

5　おしりはうくが、立ち上がれない。　①手のつきが遅い。②回転速度がない。

①台を利用した場・段差を利用した場
重ねたマットの場が効果的である。

4枚重ねマットでできたら1点
3枚重ねマットでできたら2点
2枚重ねマットでできたら3点
1枚重ねマットでできたら4点
合計何点とれたか数えます。
（時間を決めると何度も取り組めるようになる）

6　できる子の対応

①苦手な子のミニ先生
T：先生が教える前にできるようにさせたらすごいよね！
②着手を片手・手無しにする。
T：3回できたら次のステップにいきます。
③坂道マットをのぼらせる。
T：坂道マットをのぼってごらん。

※このカードをコピーして、
グループごとに配る。
何を使ってもいいから、できるようになってごらんと『コツ』を共有させる。
他にも手立てがあったら教えてください！
理論ではなく事実でお願いします。

［引用：楽しい体育の授業（明治図書）］

自分の指導法改善のためにつくったシートである。

学習指導要領の「表現」に友達の良さを伝える等の項目が増えた。

そのため、子供にシートを持たせて、アドバイスをさせた。

すると、できない子のために、

「場を変えてみよう。」という動きもあった。

中学年の場合、場づくりの経験が大切だと考える。

高学年になり、「前にこのような場でやりました。」など、経験が新しい技に生きるときがある。

時数に余裕があれば、1時間、「思考力、判断力、表現力等」の評価の時間としてシートを活用することも考えられる。

※つまずきシートは、QRコードでダウンロードできます。

7 教材教具の工夫

～牛乳パックを利用する～

■ 得点を明確にするグッズ

低学年『ボール運びゲーム』で、同僚が作成した得点表である。

ボール運びをするときに、フラフープに置くのではなく、牛乳パックをつなぎ合わせた教具を使うことで、どのくらい入ったのかが明確になる。

チームが交代するときに、箱ごともっていけば、入れ替えも楽になる。

得点板としても利用できる。

サッカーで点数を決めたら、赤玉を１つ入れるなど、他の領域でも使用できる。

学校には上記のように工夫された教具がたくさん眠っている。

ぜひ、体育倉庫の中から探してほしい。

8 はじまりの運動を決める①

～校庭に来たらすること～

■ 校庭に来たときの運動を決めておく

子供たちが校庭に来た。さて何をするか決まっているだろうか。
私は４月はじめに、校庭体育で必ずする運動を決めている。（単元による）

①校庭１周
②タイヤ跳び
③のぼり棒タッチ１回（できない子は、ぶらさがり 10 秒）
④逆上がり３回（できない子は、３回挑戦する）

勤務校の体力課題に応じてメニューを変えてもよい。
ただし、体育の授業は『体力向上』のためにおこなうのではなく、生涯スポーツとしての楽しさを伝えるものである。無理のない程度でおこなえるとよい。（手段であって目的ではない）
指示：先生の笛の音が鳴るまで、繰り返し運動します。
体育がはじまったらサーキットトレーニング（５分程度）をおこなう。

決まった運動を続ける事で、１年後の体育で様々な力を身につけることができます。例えば、腕を使うことは、日常生活でも必要ですね。また、体を動かしておくことで、学力も上がると言われます。運動と学力は密接に繋がっています。先生の合図があるまで運動します。

その間に教師が本時の準備をすることができる。
だからといって、準備に夢中になってはいけない。子供の動きを見つつ準備をする。
過去に、タイヤ跳びでけがをしてしまった子がいる。安全にも気をつけたい。
集合した後に次のことを聞く。
指示：今日、何周できましたか。１周？　２周？　３周？・・・。
何周できたか子供の頑張りを褒めることができる。

9 はじまりの運動を決める②

～体育館に来たらすること～

体育館の運動を決めておく

学校によって、体育館は担任と移動するというルールがある。

私の場合、業間休み後が体育が多かったため、そのまま体育館にいることが多い。

授業が始まる前に、バスケットボールを出しておく。(バスケットボール単元の場合)

指示：チャイムが鳴る前からバスケットボールを使っていいですよ。

授業前に、シュート練習をしている。

① (休み時間) ボールを使っていいです。
自由にシュートをしてもいいです。

②(授業開始)時計回りシュートと指示を出す。
時計回りにドリブルしてシュートをする。

ボールを持っているから、チャイムと同時に授業がはじまる。

遅れてくる子がいても気にしない。時間通りはじめる。ボールを扱った授業ではほとんど上記の流れである。

器械運動の場合は、なわとびからはじめている。

チャイムが鳴ったら、

指示：ピッ。前跳び10回。

なわとびをすることを事前に伝えてあるので、ほとんどの子が準備をしている。

ここで、教師カゴの中になわとびを3本ストックしている。なぜか。

教室から忘れてくる子がいる。すぐに貸出すことができる。

他にも、体力課題に応じて、

指示：体育館の縦はダッシュ。横はケンケンをします。3周。

校庭同様決まった運動をさせるのもいい。

⑩ 得点を視覚化する

～ビブスをかければ一目でわかる～

■ めくる点数をビブスで示す

サッカーの授業。

私は朝礼台の上に得点板を置いた。

指示：ゴールした子は、得点板をめくりにきます。

一時的に、得点をとったチームが１名少ない状況になる。

その間に、負けているチームが攻めることができる。

「得点板で、どちらをめくればいいですか。」と聞く子もいる。

めくる得点を明確にしないと、子供同士のトラブルになる。そのため、ビブスを置くことで、自チームの得点がわかりやすくなる

ビブスを置く役割を決めておくといい。

移動式の得点板があれば、右写真のようにビブスをかけることもある。

11 流れを視覚化する

～教師も安心できる～

■ ホワイトボードを活用する

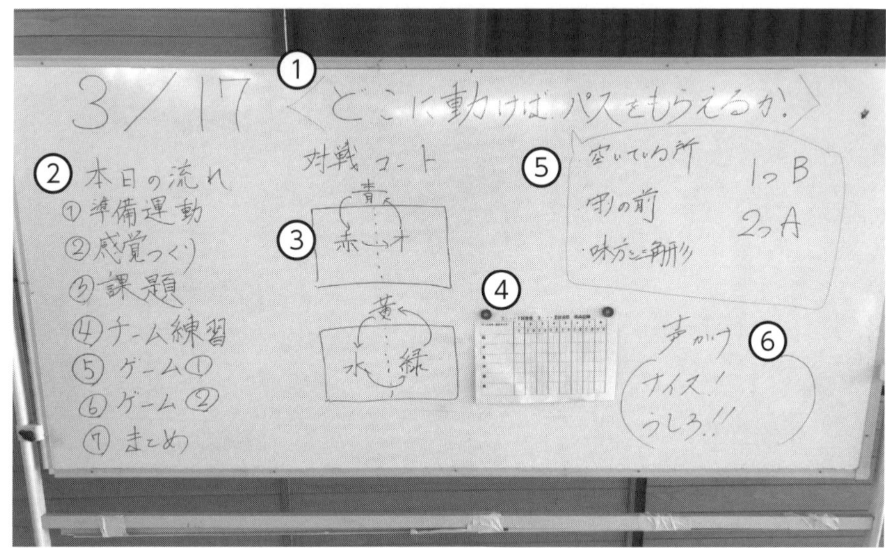

体育館にあるホワイトボードを活用することがある。

①本時の課題

「～しよう」ではなく、「～か」という発問形式で書いている。

②本日の流れ

簡単でいいのでどのような流れで授業を進めるのか。

③対戦コート

どちらのコートで試合をするのか明確にする。

④チームメンバー及び得点表

試合が終わったらリーダーが点数を書く。

⑤発問に対する考え

児童の考えをまとめている。この中で１つできたらＢ、２つできたらＡと評定することもある。

もちろん次時も活用する内容である。

⑥声かけ

授業中に出てきた、本時のねらいに沿った言葉を記入する。

書くことが大変であれば、Ａ３用紙でつくっておくと、貼るだけで済む。

教師も流れを整理できる。活用するのであれば、上記のような取組もよい。

⑫ 作戦カード

～その場でコメントする～

ゲーム中にコメントする

器械運動の場合、補助などで対応ができる。ボール運動の作戦は、ゴール型の場合、思い通りにいかないことが多いだろう。作戦カードに書かせっぱなしでは思考が深まらない。

チームによって修正点すらわからない。そのとき私がとった行動がある。

①各チームの作戦カードをみながら試合をみる。
②よいところ＋修正点（発問、アドバイス）を赤字で書く。
③全チーム書き終える。
④試合を止め、作戦カードに記入したことを告げる。
⑤作戦の修正を図る。
⑥試合をはじめる。
⑦よいところ＋修正してよかったところを書く。
⑧個人の学習カードに、振り返りを書かせる。

まだまだ試行中である。以前、試合をしている子を褒めていた。しかし、試合に夢中になっていて、声が届かないことがあった。それならば、作戦カードに伝えたいことをチームごとに書けばいい。教師の言いたいことが字で残る。１試合で全チームを把握することが難しい場合は、１時間に２チーム程度選ぶ。子供の作戦と、試合の動きを比べながら観察する。

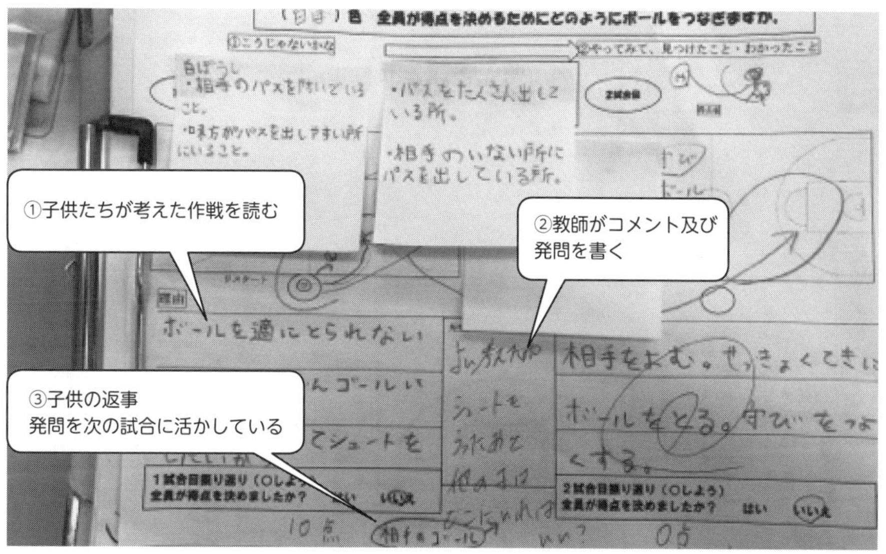

⑬ 全体指導　体操隊形に開く

～一時一事で動かす～

体育主任になっても大丈夫　一時一事で動かす

体育集会１回目、『体操隊形に開け』の練習をする。

文部省発行『集団手引き』を参考に指導をする。

【方法】

①「○○基準」の合図で、基準者は、その場で右手を高くあげる。

②「開け」の合図で、基準列の者、後ろにさがりながら両腕を前にあげ距離をとる。

③基準列以外の先頭の者は、外側真横に開き、頭を基準者側に回しながら、基準者側の片手を真横にあげ、間隔をとる。

④各列の２番以下の者は、片手の距離・間隔をとり、前と横にならう。

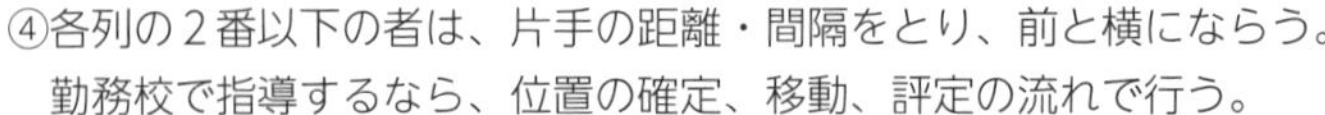

勤務校で指導するなら、位置の確定、移動、評定の流れで行う。

指示：１列目だけ立ちます。Ａさんが基準です。

指示：１列目、両手を広げます。（１列目だけずれていく）

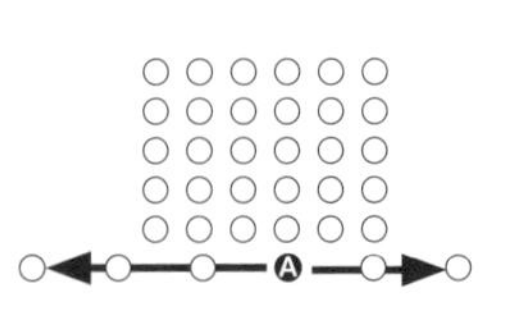

指示：２列目以降立ちます。１列目の子の後ろに移動します。

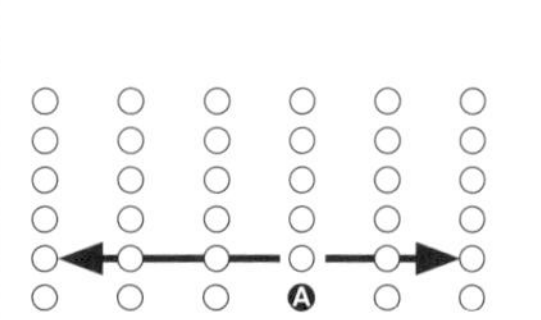

指示：前後の距離、両手で広がります。（両手の距離）

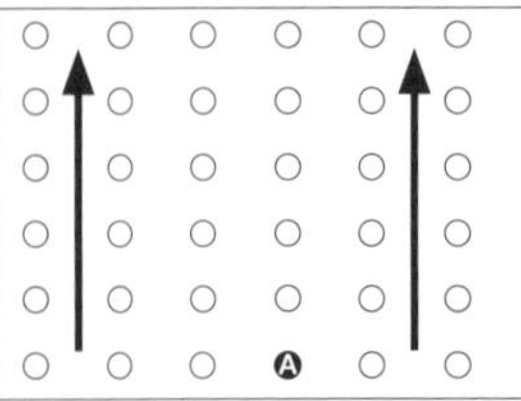

指示：集まります。
指示：10 秒以内に開きます。

指示:10 秒以内に集まります。（100 点中○点です。）

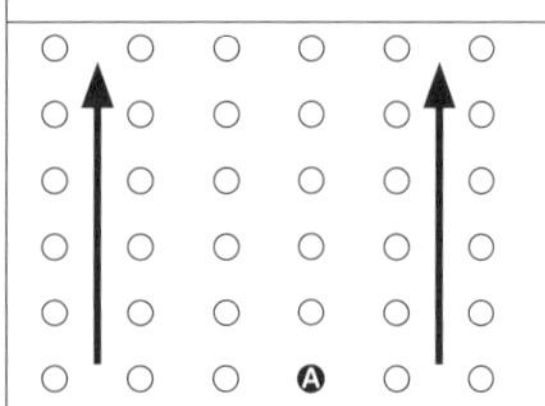

※距離・・・縦に並んだときの間　※間隔・・・横に並んだときの間

指示：○○さん基準（はい）　体操隊形に・・・・（２秒空ける）開け。

指示：○○さん基準（はい）　もとの隊形に・・・（２秒空ける）集まれ。

移動はかけ足。10 秒以上かかるなら毅然とやり直しをさせる。

14 ボール運動　ゲームフリーズ

～動きを引き出す技～

■ その瞬間に伝えたほうがわかる

　ボール運動で『ボールを持たない動き』を教える手段である。
　みなさんは、どのように教えているだろうか。
①ホワイトボードにマグネットを貼り、ボールを持たない動きを説明する。
② iPad で撮影をして動きの確認をする。等
　様々な手段がある中で、私は有効だったのが、『ゲームフリーズ』である。
　運動の途中で動きを止めるということだ。

（例）３対２のゲーム

①ピッ。ストップ。
(動きを止める)

②元の位置に戻る。
③ボールをもらうために、
どこに動きますか。

④（わからない場合）
○○さん、ここに移動。
(位置を教えることもある)

⑤動いた子にパスをさせる。
　３対２再スタート。

⑥シュート！
(必ずシュートまでさせる)

①～⑥の流れで、これが誰もいないところでパスをもらうということを体感させる。

　動きを止めることで、苦手な子は、『動き方』を体感できる。得意な子は、教師の発問により、『動き方』を教えることができる。
　ゲームではなく、チーム練習などでおこなうことが多い。また、何度も止めるとテンポが落ちる。
「先生がゲームを止めることがあります。よりたくさんのパスをもらう動き方を知るためです。止める回数が少なくなれば、バスケットボールが上手になった証拠です。」
と事前に説明している。

15 マネジメントの時間を計算する

～授業観察法～

■ マネジメントは全体の 20%以内

体育を学ぶ上で、必読すべき本から引用する。体育のあらゆる場面をデータで残すことができる。

> とくに運動学習場面は最低 50%は確保したいところである。また、マネジメント場面は 20%を超えないようにすべきである。
>
> 『体育授業を観察評価する』（髙橋健夫　明和出版）

同著によると体育の授業を次のように分けることができる。

マネジメント	移動、待機、班分け、用具の準備、休憩等
学習指導	教師が説明、指示。演示を与える場面
認知学習	子供が話合う、学習カードに記入する場面（発問による思考場面もある）
運動学習	準備運動、練習、ゲームを行う場面

45 分を1分単位で記録していくことで、全体の何%マネジメントに費やしたのかがわかる。

学期に1度は行っている。専用の計算用紙がある。自身の授業をビデオで撮り、時間を計るとよい。

(例) 6年　バスケットボール指導

%	1	2	3	4	5
指導	50%	29%	20%	9.10%	12.77%
思考判断	5%	11%	12%	19%	22.22%
運動	36%	45%	51%	57%	50.33%
マネジメント	9%	15%	17%	13%	13.29%

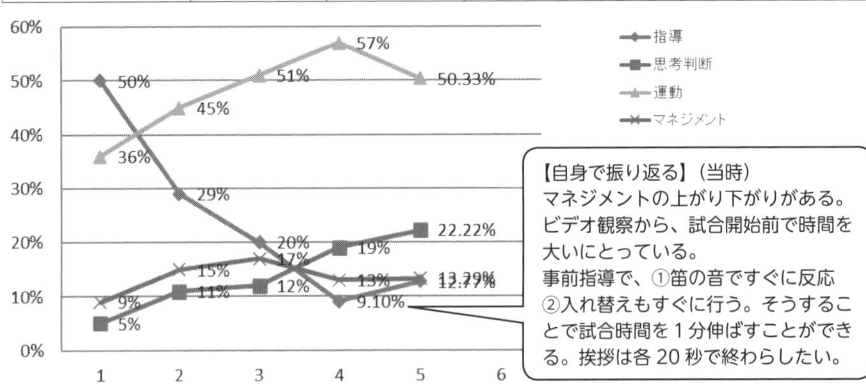

【自身で振り返る】（当時）
マネジメントの上がり下がりがある。ビデオ観察から、試合開始前で時間を大いにとっている。
事前指導で、①笛の音ですぐに反応②入れ替えもすぐに行う。そうすることで試合時間を1分伸ばすことができる。挨拶は各 20 秒で終わらしたい。

16 子供の動きを考える

～時差をつける～

■ 時差をつけて確認をする

水泳指導の場面である。勤務校では、コースに分かれて練習する。
苦手な子がいるコースがあり、だいたい１コース分である。
どんどん泳がせる場面と、動きを見る場面に分けている。（個別評定）

【水泳　クロール】

①横一列に並ぶ。（４列できる）

②１番がスタート。５ｍ過ぎたら２番がスタートする。

③教師は観点を決めて合格か残念か伝える。

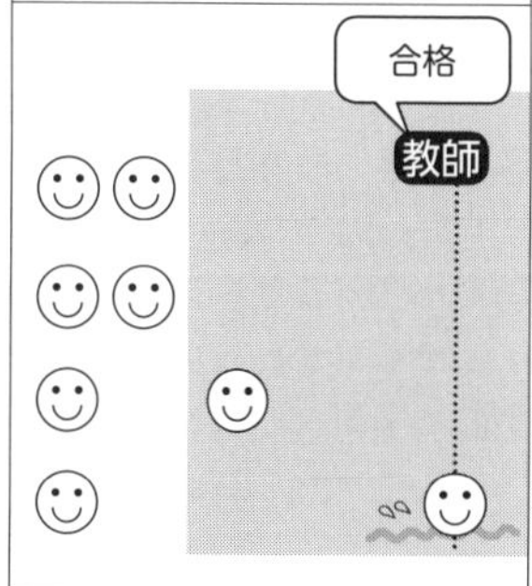

④前の子が５ｍ過ぎたら次がスタートする。

⑤次々に評定をする。

⑥前列が出発したら後ろの子はプールに入る or 並ぶ。

時間差をつけることで、教師が一人一人合否を告げることができる。

システムにすると、笛を吹かなくてもスタートする。周りの先生は笛を使っている。私も使えば混乱する。そのため笛なしでもスタートできるようにしている。
（QR コードの映像は、バトンパスについて）

⑰ 勝ち負けをコントロールする

～点数化～

テンポ良く点数をつける

私は、短く、次のように言います。
「初めてにしては上手です。十五点」
次に白に言わせます。（略）
「白の方が上手です。二十点」（略）
「もう一度やります。白組から・・・」　　　　向山洋一『教育要諦集　4　授業の本質』

尊敬する金沢の岩田史朗先生から学んだことがある。
そのときに、『声の評定』について以下の代案を示された。（文責　工藤）

点数をつけるときに、もっと盛り上げてもいいですね
「ゴール」さんはい（Aとする）（子役　ゴール！）50点。
こっち（Bとする）（子役　ゴール！）60点
こっち（B）（ゴール）80点
こっち（A）（ゴール）90点　このようにどちらにも花を持たせておきます。
・・・・・・ここまで9秒

岩田史朗先生のテンポ良く進めて行く評定、そして、どちらのチームも勝ち負けがあり、点数が伸びていく。
さらに、A→B→B→A・・・という順序も大切である。まさに、勝ち負けをコントロールすることだ。ポイントは、テンポ良く進めることだ。
私は、声を出させるときに、点数化をしている。
（例、円陣、ゴールしたときの声、返事など）

指示：オレンジ！（はい！）80点！

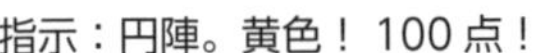

指示：円陣。黄色！ 100点！

体力に関係ない場所で、点数をつけることは、教師がある程度コントロールすることができる。

18 言葉かけ① 称賛・具体・矯正

～自分の授業を記録する～

■ 言葉かけの種類

①称賛・・・児童の技能達成や認知的行動を促進させるための言語的・非言語的行動。
（例）すごい、よし、ＯＫ、がんばった、それでいい、すばらしい、うまい。
②肯定的・・・児童の技能のできばえや応答・意見に対する具体的情報を伴う行動。
（例）腕の振りが良かったよ。踏み切りの音が良かったね。スムーズに回れていたよ。
③矯正的・・・児童の技能のできばえや応答・意見に対する具体的情報を伴う矯正的・修正的な行動。
（例）具体的＋もっとこうするといいよ。後ろから前に腕を思いっきり振ってごらん。

平成 27 年６学年『バスケットボール（６時間）』で『今日の体育の授業で先生に声をかけてもらいましたか。』という調査を行った。３点が最高点、１点が最低点と数値で評価、またどのような声をかけてもらったのかも書かせた。

	1	2	3	4	5	6
男子	1.65	1.6	1.1	1.75	1.35	1.80
女子	2	1.82	1.11	1.53	1.64	1.23
全体	1.81	1.70	1.11	1.65	1.49	1.54

子供たちがアンケートで書いた工藤のほめ言葉例　※３と５は記録無し

時	言葉かけ及び場面
1	リーダー集まって。円陣を組むとき。パスするとき。右足を出したから。声が大きかった。いい言葉をかけてよかった。声かけがよい。シュートをほめられた。緑集まって。ナイスシュートと言われた。シュートを胸からする。ゴールの真ん中でシュートすること。いいんじゃないですかシュートをやまなりに打ったほうがいい。ボールにさわるゲームで、『コンパスみたいでいいね』
2	フリードリブルで「上手」と言われた。ノーマークの所にパスをしている。いいね。すごいね。ノーマークのこと。緑集まって。四角の所でシュート打つとよい。パスの回し方がよい。お、うまい。対面パスで足を出してと言われた。×をねらって。ボールを貰う場所のこと。説明するとき。
4	守りにいってみな。こうすればとれたと思うよ。今の４点だよ。自分がパスされたボールをはずしたとき 「ドンマイ」と言われた。点をとれるようになったね。いいかけ声だね。いいかけ声。いい声。今みたいにフリーになって！あかつよいね、きれいなフォームだね。ドンマイ！おおよく気付いた。シュートを片手でうつように。ロングシュートではなく、確実にシュートをうったほうがいいよ。
6	がつがついって。応援がよかった。あおの方法もあり。作戦について。ナイスシュート。そうそうそう。○○さんいい動きだよ。ナイスパス。

（考察）
①子供たちが声をかけられた意識がないため、名前を呼んで声をかける。
②ただし何をもって褒められたという具体的な観点は示していない。

このように調べると、自分がなんとなく褒めていることに気がつく。

⑲ 言葉かけ② 観点を絞る

～体（からだ）・音（おと）・図（ず）～

■ 技能的助言

「子供にとって役に立った言葉かけ」という調査で、最も高かったのが「技能的助言」である。

運動ができるようになるための助言が子供にとって印象に残るそうだ。

以下キーワードをまとめる。

〈 技能に関する助言のポイント 〉

❶ 体（からだ）で伝える

①膝が伸びているね！
②両手で押しているね！
③手を見るといいよ。
④まだ両手の押しが足りないよ。

❷ 音（おと）で伝える

①ドン！と踏み切ったね。
②グッと地面を押したね。
③ト・ト・トンと声に出してごらん。
④ト・トのリズムが足りないね。

❸ 図（ず）で伝える

①図のようにボールをとらえていたよ。
②写真のように、膝を曲げて持つと安定するね。

NHK for school
『はりきり体育ノ介』

体（からだ）、音（おと）、図（ず）で伝えると、子供にとって理解されやすい。

助言であるから「技能」の視点を知っていなければならないという意見をいただいた。

学習指導要領にある言葉を使えば、技能的助言となる。

【第５学年及び第６学年】

（１）知識及び技能

> ○開脚前転
> ・両手と後頭部をつきながら腰を高く上げ前方へ回転し、膝を伸ばして足を左右に大きく開き、接地するとともに素早く両手を股の近くに着いて膝を伸ばしたまま開脚立ちすること。

体（からだ）で伝えるに当てはめると、『両手』『後頭部』『腰』『膝』『股』等がある。

例えば、『両手がよかったです』や『両手でグッとマットを押せていたよ』など具体的な助言をすることができる。

もちろん言葉だけでは伝わらない。

声の抑揚、表情、名前を呼ぶなど言葉かけに技術が必要だ。

そのために、授業前に褒める観点を決めておくと楽になる。

20 言葉かけ③　事実

～重要性を知った瞬間～

■ 名前＋ほめ言葉

自身の言葉かけを記録して、意識しはじめたことがある。

名前＋ほめ言葉である。器械運動等個人競技は、伝わりやすい。ボール運動の場合、常に動いているので、その瞬間に褒めても、誰のことかわからない。だからこそ、名前＋ほめ言葉が効果的だと考える。また、現場発信で、セミナーでも肯定的かつ矯正的な言葉かけをおこなう。

今後、どのようなほめ言葉によって、どのように子供が変容していくのか分析したい。

以下、私の実践を紹介する。（６年　開脚跳び）

Ｙさんは、跳び箱運動が嫌いだった。５年生のときに、無理矢理やらされてもできるようにならなかったそうだ。６年生の開脚跳びの授業では、跳び箱に触ろうとすらしなかった。諦めていた。

友達が励ましてもやろうとしない。Ｙさんは、涙を流した。私はＹさんに、

「できるなと思ったらスタートラインにおいで。」

と伝えた。数分経ったら、スタートラインにいた。

「よくきたね。これほど勇気をもったＹさん。すばらしいぞ。」

以下のステップを示した。

①跳び箱に触る
②跳び箱にのる
③向山型跳び箱指導Ａ式

「跳び箱に触れたね。」「さっきよりも手の位置が奥になったね。」「腕に力がのっているよ。」どんなことでも、前よりできたことを含めて、成長を褒めた。するとできたのである。

スモールステップでできたことを具体的に褒めていった。

このスモールステップの指導が褒める機会をつくってくれたのだ。

改めてほめ言葉の重要性を知った瞬間であった。

【子供の日記】

題：体育（跳び箱）

今日、体育で跳び箱をしました。私は跳び箱で苦手な思いをしたことがある。だから、今日の体育はすごく嫌だった。でも、うれしいことが起きた。それは先生や友達が優しく声をかけてくれたことだ。Ａさんは「大丈夫？」と言ってくれた。他にも多くの友達から励まされた。先生がサポートしてくれた。そして、ついに跳び箱を跳ぶことができた。みんなが拍手をしてくれた。すごくうれしかった。私が跳べたのはみんなのおかげだ。これからも跳び箱を頑張りたい。（６年女子）

21 必要感のある授業展開

～子供がやりたいことを取り上げる～

子供から引き出す発問

教師発信ではなく子供発信

そこで、子供に「必要感」を持たせる授業とは何か。バスケットボールを例に紹介する。必要感とは次のように定義する。

①できるようになりたい
　→運動そのものの特性を楽しむために何を身につけるか理解すること（知識・技能）
②わかりたい　→できるようになるために、どうすればよいのかと考えること（思考）
③楽しみたい　→できるようにがんばりたいと思えること（主体的に学ぶ姿勢）

この３つを引き出すための授業展開を紹介する。

準備運動、チームづくり、感覚づくりの運動を終わらせたあとに、試しのゲームを行う。

２チームで例示を行い、試合を始める。（実況型ルール指導　今回は割愛）試合を終えたあとの展開である。

【ステップ１】子供に必要感を持たせる発問

発問１：どうすればもっと楽しく試合ができますか。

発問２：楽しく試合をするためにどんな動きが必要ですか。

私のクラスでは次のようなことがでた。

発問１に対して　㋐　全員がシュートを打つこと。
　　　　　　　　㋑　全員がパスをもらえること。
　　　　　　　　㋒　作戦を立てること。
　　　　　　　　㋓　会話（応援）すること。

発問２に対して　㋐　シュート
　　　　　　　　㋑　正確なパス
　　　　　　　　㋒　ガード
　　　　　　　　㋓　フェイント

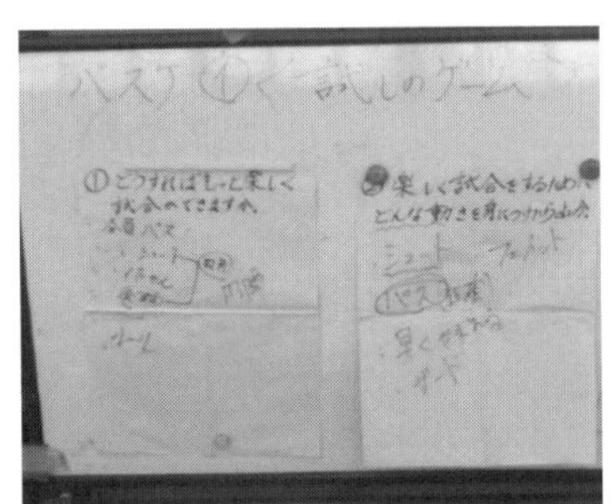

上記をＡ３用紙に記入する。（右写真）

ここが大切。常に目に見える形で残しておく。次の発問。

発問３：この中で一番身につけたい動きはどれですか。

ほとんどの子がシュートに手を挙げるだろう。

得点を入れる楽しさがこの競技にあるからだ。

授業時間の確保をするならば、事前に発問１～３のようなアンケートをとり、給食時間に発表してもよい。身につけたい動きの練習を教師が提示して授業を進めていく。教師の事前準備も必要である。

㉒ 運動会① 用具係

～役割を明確にする～

■ 役割を明確にする用具係

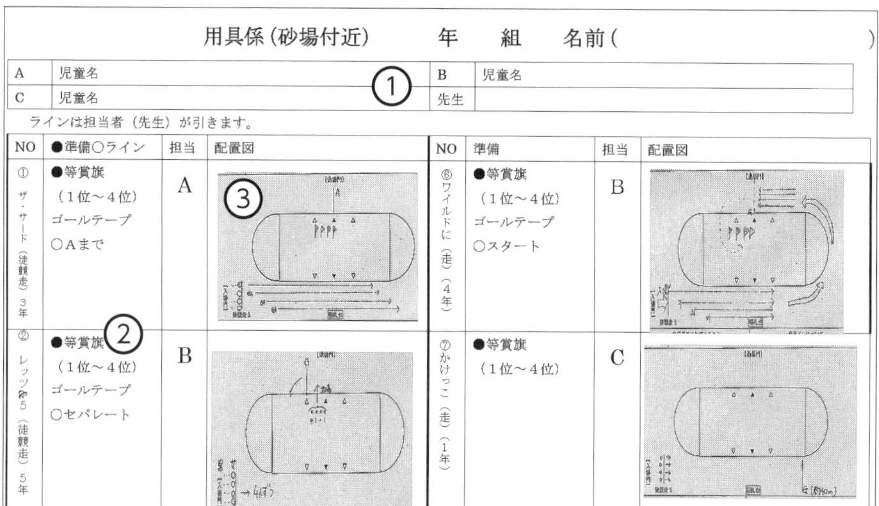

用具係（砂場付近）　　年　　組　　名前（　　　　　　　　　　）

A	児童名	B	児童名
C	児童名	先生	

ラインは担当者（先生）が引きます。

NO	●準備○ライン	担当	配置図	NO	準備	担当	配置図
① ザ・サード（徒競走）３年	●等賞旗（１位～４位）ゴールテープ ○Aまで	A		⑥ワイルドに（走）（４年）	●等賞旗（１位～４位）ゴールテープ ○スタート	B	
② レッツ＆5（徒競走）５年	●等賞旗（１位～４位）ゴールテープ ○セパレート	B		⑦かけっこ（走）（１年）	●等賞旗（１位～４位）	C	

運動会で用具係を担当した。勤務校では、先生方に競技冊子が１冊配布される。用具係20人に伝えるには、時間がかかる。そこで、上記の一覧表を作成した。作成に時間がかかったが、『型』ができれば、更新するのみだ。

①用具担当のメンバーを書く。
②競技冊子に書かれている内容を写す。
③図面をスキャナー（デジカメでも可能）で取り込んで貼り付ける。

クラスごとに担当を分けている。

やりたいことを一人一人決めていくと時間がかかる。

担当する競技が決まったら、誰が何を持って行くのか話し合う。A３両面で印刷して終了。

45分割り当てられている会議で時間が余る。

右写真は、用具を置く場所が決められている。

風で跳ばないようコーンを置くなどしている。

23 運動会② 主任提案

～係分担を提案～

教職員の役割を明確にする

運動会提案でよくある一覧表かもしれない。

勤務校で提案した文書を紹介する。

①各学年の人数を割り振る。人数は昨年度の反省などを踏まえて決める。

②各学年で男女が均一になるようにする。

③各担当のリーダー（教職員）を決める。主に昨年度かかわった人にする。

	5-1	5-2	5-3	6-1	6-2	6-3	4年生	合計	集合場所
出発	1	1	1	2	2	2		9	4-1
決勝審判	5	6	5	6	6	6		34	2-4
用具	5	5	5	5	5	5		30	4-3
放送	2	2	2	2	2	2		12	5-3
記録	4	4	4	5	5	5		27	2-3
救護	1	1	1	1	1	1		6	保健室
応援	6	6	6	8	8	8	各6人ずつ	60	6-3
出場整理	3	3	3	4	4	4		21	5-1
受付	1	1	1	1	1	1		6	視聴覚室
児童席	3	3	3	4	4	4		21	1-1
合計	31	32	31	38	38	38			

④仕事内容を明記した提案を出す。

	前日(9/26)までの仕事	前日(9/26)の　仕事	当日朝の仕事 ・職員 ○子児童	運動会中の仕事 ・職員　○子児童	児童数 5年	6年	教師
	・運動会全般の運営		・７：３０の開門	・運動会の統括	0	0	学校長
総務	・各招待状の発送 ・渉外　・予算 ・校旗、カップ準備 ・PTA連絡調整 ・開閉会式指導	・立て看板準備 ・視聴覚室の扉を外す	・立て看板設置 ○子立て看板設置補助	・来賓の対応 ・新入児かけっこの進行 ・全体指示 （いす出し、お昼、片付けの放送）	0	0	教頭 教務

いつ、何を、誰がするのか明記して、教員と子供の仕事を分ける。

なお、資料データはQRコードでダウンロードできる。

24 運動会③　学年通信（運動会号）

表面

裏面

～パンフレット形式～

■ 一目で見てわかる学年通信

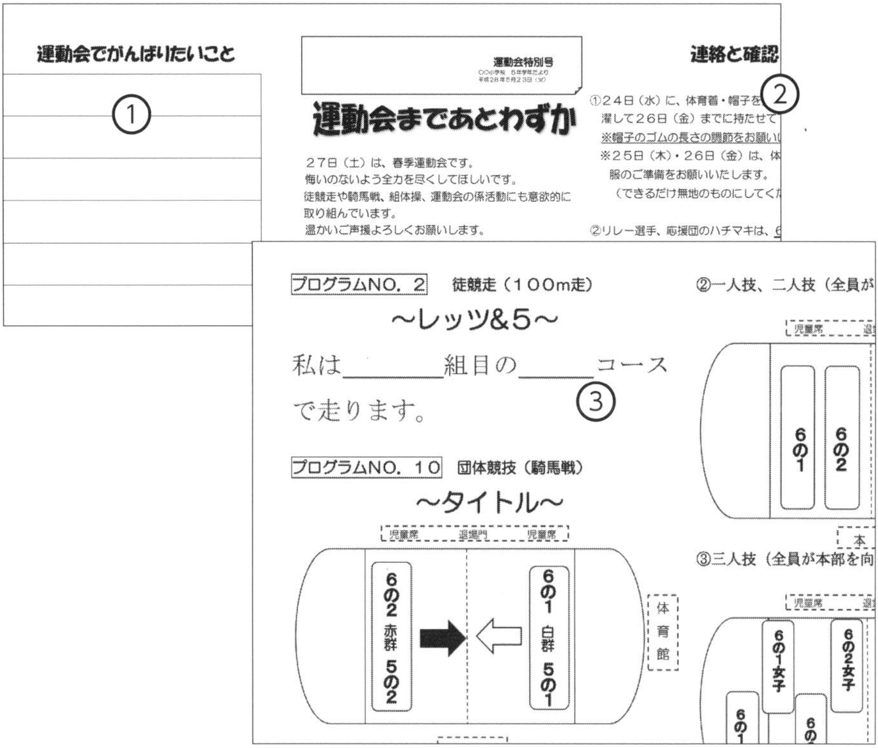

運動会でがんばりたいこと

①

運動会特別号
○○小学校　5年学年だより
平成28年5月23日（月）

運動会まであとわずか

27日（土）は、春季運動会です。
悔いのないよう全力を尽くしてほしいです。
徒競走や騎馬戦、組体操、運動会の係活動にも意欲的に取り組んでいます。
温かいご声援よろしくお願いします。

連絡と確認 ②

①24日（水）に、体育着・帽子を
濯して26日（金）までに持たせて
※帽子のゴムの長さの調節をお願い
※25日（木）・26日（金）は、体
服のご準備をお願いいたします。
（できるだけ無地のものにしてくだ
②リレー選手、応援団のハチマキは、

プログラムNO．2　徒競走（100m走）

～レッツ&5～

私は＿＿＿＿組目の＿＿＿＿コースで走ります。③

プログラムNO．10　団体競技（騎馬戦）

～タイトル～

児童席　退場門　児童席
6の2 赤群 5の2
6の1 白群 5の1
体育館

②一人技、二人技（全員が
児童席
6の1　6の2
本

③三人技（全員が本部を向
児童席
6の1女子　6の2女子

学年通信で運動会号を作成している。
教職2年目のときに組んだ学年主任から教わった。
パンフレット形式の学年通信である。

①運動会で頑張りたいことを書く。
②連絡と確認を明記する。
③徒競走の順番を明記する。
団体種目で自分がいる場所に赤丸する。

①～③を書かせて、保護者に渡す。
子供が出場する競技は一目でわかるため、かなり好評だった。

㉕ 運動会④　団体種目（騎馬戦）

～一時一事で組み立てる～

■ 一時一事で組み立てる

①

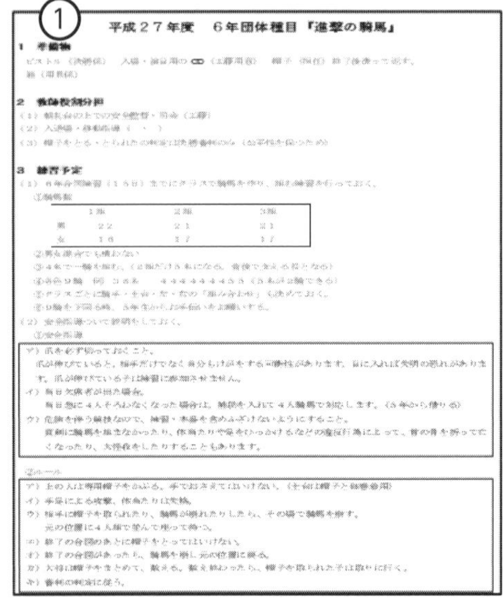

平成２７年度　６年団体種目『進撃の騎馬』

1　準備物

3　練習予定

	１組	２組	３組
男	２２	２１	２１
女	１６	１７	１７

ア）爪を必ず切っておくこと。
爪が伸びていると、相手だけでなく自分もけがをする可能性があります。目に入れば失明の恐れがあります。爪が伸びている子は練習に参加させません。
イ）当日欠席者が出た場合。
当日急に４人そろわなくなった場合は、補欠を入れて４人騎馬で対応します。（５年から借りる）
ウ）危険を伴う競技なので、練習・本番を含めふざけないようにすること。
くなったり、大怪我をしたりすることもあります。

ア）上の人は専用帽子をかぶる。手でおさえてはいけない。
イ）手以外による攻撃、体当たりは失格。
ウ）相手に帽子を取られたり、騎馬が崩れたりしたら、その場で騎馬を崩す。
元の位置に４人組で並んで座って待つ。
エ）終了の合図のあとに帽子をとってはいけない。
オ）終了の合図があったら、騎馬を崩し元の位置に戻る。
カ）大将は帽子をまとめて、数える。数え終わったら、帽子を取られた子は取りに行く。
キ）審判の判定に従う。

②

	入場門・・・２組（緑） 教師の言葉	退場門・・・１組（黄）・３組（赤） 児童の動き
入場	「６年生が入場します」 音楽スタート	入退場門で並ぶ（各色２列　騎馬でまとまる） 立つ 音楽が聞こえたら、ワーっと声を出し駆け足で入場 待機ライン上に各色２列に並ぶ（馬ごと） 場所に行ったら、座って静かに待つ
かけ声 戦い① 緑対黄 数える①	「大将は中央に移動します。」 「赤組大将（　）さん」 「黄色組大将（　）さん」 「緑組大将（　）さん」 「赤と緑は騎馬を作ります」 「黄は移動します」 「１試合目、赤対緑」 「用意　パン！」（ピストル） 「パンパン」（ピストル） 「数を数えます」「１、２・・」 「一回戦　○組の勝ち！」 「団長は帽子を戻してください」	団長のみ騎馬をつくって、前へ出る 赤「はい」「　　　」「オー」 黄「はい」「　　　」「オー」 緑「はい」「　　　」「オー」 団長が列に戻ると同時に、騎馬をつくり始める。 騎馬をつくったら立って待つ 黄は赤の後ろに移動する。 赤と緑はライン上に立つ。黄は赤の後ろで待機 （３５秒間） 騎馬を崩して、列に戻って座る。 団長がかごを持って行って、取った帽子を回収。 そのまま中央へ。 団長は帽子を上に投げる。 喜ぶ、、拍手、、、 団長は相手の色の帽子をかごに入れて、交換。 列に配る。かごは置く。「誰の帽子でもよい」
戦い② 数える②	「赤組、移動してください。」 「黄と緑は騎馬を作ります。」 「２試合目、黄対緑」 「用意、パン！」（ピストル） 「パンパン」（ピストル） 「数を数えます」「１、２・・」 「２回戦　○組の勝ち！」 「団長は帽子を戻してください」	「赤組は緑組の後ろに移動する。」（鉄棒側から） 騎馬をつくって、静かに立つ。 黄と緑はライン上に立つ。赤は緑の後ろで待機 （３５秒） 騎馬を崩して、列に戻って座る。 団長がかごを持って行って、取った帽子を回収。 そのまま中央へ。 団長は帽子を上に投げる。 喜ぶ、、拍手、、、 団長は相手の色の帽子をかごに入れて、交換。 列に配る。かごは置く。「誰の帽子でもよい」
戦い③	「緑組、移動してください。」 「黄と赤は騎馬を作ります。」 「３試合目、黄対赤」 「用意、パン！」（ピストル）	「緑組は赤組の後ろに移動する。」 騎馬をつくって、静かに立つ。 黄と赤はライン上に立つ。緑は赤の後ろで待機 （３５秒）

　運動会練習では、決められた時数で終わりにする。時数以内が好ましい。

　高学年は、５、６年生で『騎馬戦』を行う。１時間で流れを指示しながら終えることが大事である。

　このときに、『一時一事の原則』を意識したい。

①練習開始１週間前に練習計画を提案

　必ずルールについて、学年で共通理解をする。

②シナリオを作成する

　教師が指示する言葉と、児童の動きをまとめる。ここが一時一事の原則である。

指示：入場します。

指示：赤組と緑組は騎馬をつくります。

指示：１試合目。赤対緑。はじめ。（１分程度で終了）

指示：帽子の数を数えます。

指示：１回戦。赤組の勝ち。

指示：団長は帽子を戻します。

指示：２回戦準備。

26 イラストでポイントを示す

～示範しなくても視覚情報～

イラストを活用する

示範の動きができないときがある。(高度な技等)
その場合は、イラストでポイントを示すことがある。(写真)
体育本がたくさん出ている。
一部を引用して提示することで、子供にポイントを示すことができる。
頭はね跳びの授業など、言葉で説明することが難しい単元では、発問や動きのコツをイラストや写真で提示していた。
最近では、DVD など優れた手本が多くある。
または、NHK サイトで、「体育ノ介」というコンテンツに、手本となる写真や映像もある。
体育授業の前に見通しをもつために、朝の会で見せることもあった。
昨年度まで体育を研究していた。
そのため、鉄棒、マット、跳び箱の技一覧を写真付きで運動場や体育館に掲示していた。
これらを使ってポイントを教えたい。掲示する際に、「正しい動き」であるか調べる必要がある。たまに、細かいところ（足先が伸びていない等）があるので注意したい。

27 子供の言葉を学習と結びつける

～ポイントに関わる言葉～

■ プラスの言葉を教える

授業はじめに、子供に伝えることがある。

指示：『ナイスシュート！』言ってごらん。

子供：ナイスシュート！

説明：このような言葉を使えるといいね。

単元で広げたいプラス言葉を伝える。授業途中で確認することもある。

指示：ピッ。今〇〇チームがナイスシュートという言葉をたくさん使っています。
あたたかいチームです。

また、１時間目でプラス言葉を児童が使っていたら次時で確認する。

指示：前回〇〇さんが『ドンマイ！』という言葉を使いました。どんなときに使いますか。

子供：シュートを外してしまったとき　パスがとれなかったとき

指示：ドンマイという言葉を使いましょう。

子供からプラス言葉を引き出し、広げることもある。

学習のポイントに関わる言葉を掲示で伝えることをする。

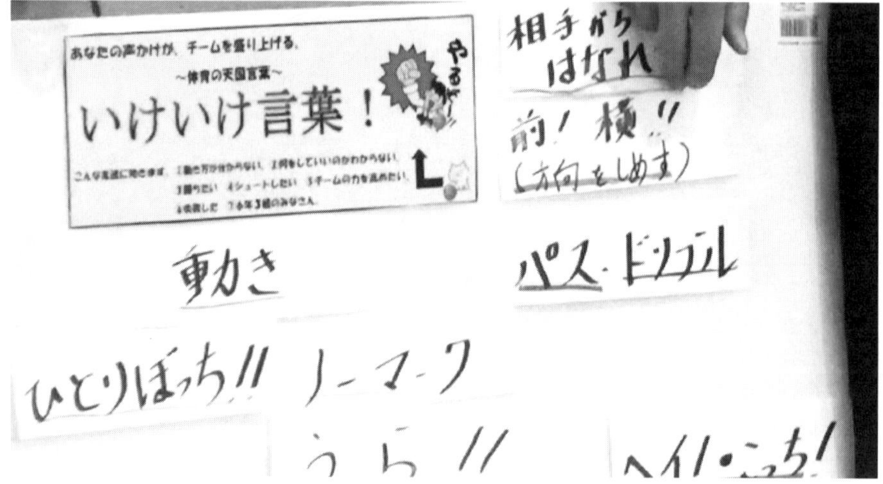

例えば、ボールを持たない動きに直結するような言葉である。

「うら！」「相手から離れて！」「前！横！（方向を示す）」等だ。

指導主事から「ボディアクション」も教わった。

パスがほしいところに、手を出す。高めか？　低めか？　ジェスチャーで相手に伝える技だ。児童の実態に応じて活用したい。

28 作戦カード（高学年）選んで書く

～思考場面の評価に活用～

■ フローチャート式　作戦カード

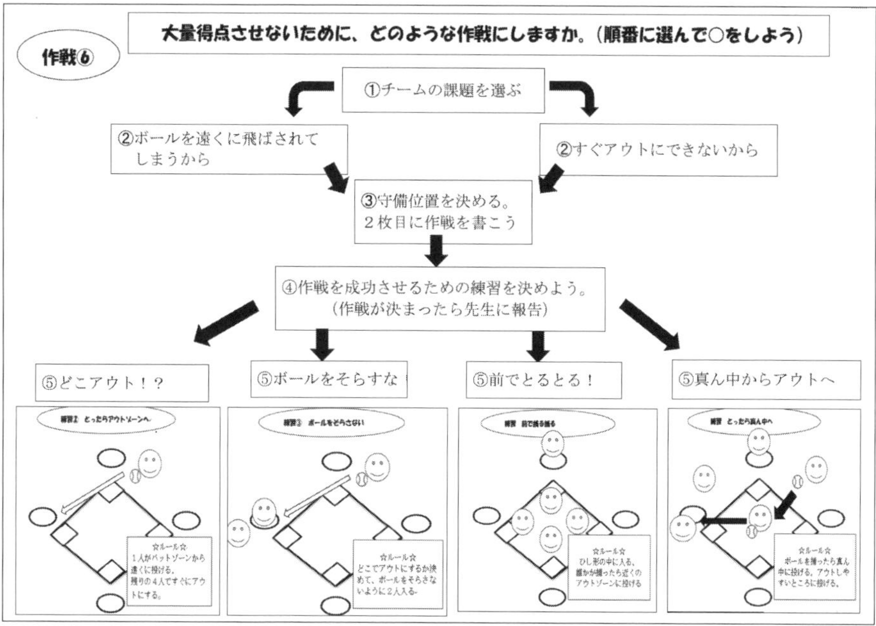

【第５学年及び第６学年】（思考力、判断力、表現力等）
イ　自己やチームの特徴に応じた作戦を選ぶこと
○ 自己やチームの特徴を確認して作戦を選ぶ例
・チームの特徴に応じた作戦を選び、自己の役割を確認すること。

「作戦を立てなさい。」「チームの課題を見つけなさい」では、考える範囲が広すぎる。

そこで、上記のように選択することにした。（フローチャート形式）

ボール運動の特性に沿った課題や練習を提示する。

チームで課題を選んで、作戦を立てる。作戦を実行するための練習を選ぶ。

体育ノートに次の手順で書かせる。

「チームの課題は（　　）です。（　　）という作戦にしました。そのため（　　）の練習を選びました。」

チームで選んだことを、個人のノートに書くだけでよい。苦手な子の支援となった。

なお、思考力、判断力、表現力等の詳細については今後調べていく。

29 組み合わせる

前半

後半

～意識して身につける～

■ マネジメントを普段の授業で組み合わせる

45分の授業に様々なマネジメントが存在している。
意識して使っていくうちに自然とできるようになると考える。
私が授業をした内容にマネジメントの視点を入れた。
ある程度の技術を説明しながら講座を進めた。改めて私が考えた意見と一緒に下記に記す。

テープ起こし	マネジメント【意味】・反省
私、今体育で大事だと思っているのは、1つ目言ってください。（マネジメント） 2つ目（必要感）なんなんだということです。まずマネジメントです。さっきサッカーでやったのは、時間差をつけて赤青青赤とチーム分けをしました。私、基本的に、壁タッチ3枚したら集合、ドリブルを2周したら集合等授業内で決めます。それが今できたとしますね。① 次は、ゲームなので試合をします。 赤立って。白立って。青は水色の線に立ちます。 黄色も水色の線です。② あなたたちは見ていますからね。赤と白おいで。赤先生のここ。青緑の線。 今からバスケットの試合をします。ありがとうよく気がついたね。③ バスケットのルール指導をするときに、必ず私は実況しながらやります。④ どういうことかと言うと・・・小さいわっかからスタート。白はディフェンスをしているふりね。今からルール説明するから、赤と白よく見ててね。Yくんこっちね。ドリブルして。白やっているふり。シュート。ストップ。入ったとします。点数めくって。このとき、子供ってどっちの点数が入るかわからないんですよ。さっきやったのですが、気付きました？ゼッケンを得点の下に置きます。こうするとどっちに点数をつけるかわかりますね。⑤ 入れられたらスタートゾーンから始めます。いって。（スタートゾーン）どうぞ。シュート入れてご	・少し早口 ・落ち着かない。 ①ドリブル2周したら先生とタッチ。上手な子からもどってくる。力が均等になるようにチーム分けを授業内ですることができる。【チーム分け】 ※サッカーならドリブル2周。 バスケなら4つのゴールにシュートしたら。 リレーなら、鉄棒にタッチしたらもどっておいで。 もちろん経験者やリレーの選手が重なった場合は、その場で調整する。 ・「ゲームなので試合」など意味が重なることが多い。 ②こそあど言葉ではなく、並ぶ場所を限定する。【整列の技術】  赤・白が試合なので、見ている子たちを先に呼んで、残り2チームだけ残す。そして試合のルールを教えればよかった。2回チームを呼ぶ必要が無くなる。 ③力強く褒める。これは岩田史朗先生から教わった。【激励の原則】 ④ルール指導は実況しながら示す。【実況型ルール指導】

らん。 おしい。入ったとするよ。そしたらWくんどうする？（めくる）赤どうする？（スタートゾーン）⑥ というように解説しながら進めます。とられてほしかったけど入れちゃった。水色次どうする？⑦そうめくる。黄色　赤は？（スタート）よく見ていたね。次とられて。そうだよね。というルールでやります。見ている子にも発問します。そうするときちんと聞かなければいけないんですよ。	⑤得点を視覚化でめくりやすくする。【得点の明確化】 ⑥一度伝えたルールは発問で聞き返す。 【説明のアウトプット化】 ⑦観察者にも発問をする。 【説明のアウトプット】 また想定外の行動にも動じない。 ・観察者に背を向けている。中央に立って、全体を見られるようにすればよかった。 ビブスをかけておく。慣れれば無くてもいい
では、実際に試合をしますよ。 　スタート。 　見ている人はどんな動きをしているかなと見ていてね。○○くん目が輝いているね。超ロングパス。ピッ。ストップ。今いい言葉見つけた。Ｙくん何て言った？（あっおしい）そう見ている子も応援してね。続けて。⑧ 　ピッ。私たまに練習しているときに止めます。ゲームフリーズといいます。⑨ 　このままだとパスができないよね。白はどこに動きますか。動いてごらん。赤は動いちゃだめ。魔法だから止まっています。誰もいないところってこういうことねと理解させます。続けて。  一度ゲームを止めて、どこに動けばいいのか体感	⑧よりよい言葉を広げる。即止めて広げる。 【応援言葉を広げる】 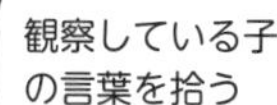 観察している子の言葉を拾う ⑨その場でプレーを止める。実際に動くことで誰もいないところに動くということを体感させる。 【ゲームフリーズ】  ボールが通ったらすぐスタート。シュートチャンスが増える
ピッ　集まります。 　このあと水色と黄色も試合をします。 　このあと私は３つの発問をします。 　１つ目、何か困ったことはありますか。⑩　さっき岩田先生も言っていましたね。（外にボールが出たときはどうしますか。）ああ、ラインね。どうすればいい？　ありがいい？　なしがいい？　じゃあなしでやっていこうか。このようにルールをつくっていきます。 　次に、もう一度②を読んでください。必要感。バスケットボールを楽しむためにどんな動きを身につければよいですか。⑪ 　近くの人と相談して。（パス）本当はＡ３用紙で記録していきます。他は？（シュート）（俊敏なドリブル）じゃあこの中で、自分はどの動きを身につけたい？パス？シュート？ドリブル？ではシュートと	⑩この発問で子供とルールをつくっていく。 【ルールの共有化】  何か困ったことはありますか、と確認する。（1、2時間目でルール確定） ⑪子供が上手になりたい動きを引き出す。【必要感】 ⑫子供発信にすると、やらされた感がない。 【必要感を練習に生かす】

しましょう。じゃあこれからシュート練習をしますよ。⑫ 子供から言ったことをやっていますよね。教師がこれやりなさいと言うより、子供からこれやりたいと言ったことをやった方が、なんか言わされた感じはありますが、誘導できる形がいいかなと思います。	
じゃあ　シュートの練習をします。水色は手前のゴール下。 白チーム　右奥　黄色チーム　左 １人１個ボールを持ってね。赤のようにゴールの下に座ります。⑬ 赤お手本ね。自分以外のゴールいくつある？　どれか１つに向かってドリブルして。そしたら止まって。その下にマーカーがあるでしょ。ふんで。そこからシュート打ってごらん。入った人？　入ったらそのマーカーを自分のコートに持ち帰ることができます。入らなかった人？　お土産なしでもどるんだよ。自分のゴールの壁にタッチしたらスタートしよう。ルールわかった？　よーいスタート。 ピッ。もどります。数えて、赤いくつ（５つ）黄色（３つ）白（５）水色（２）白と赤が５個持っているんだって。ねらうところはわかるよね。⑭ ピッ。もどります。本当はもっとやりますよ。 水色の枠があるよね。どこに置いてもいいよ。とられないところに置いてごらん。 ピッ。はじめ。ピッ。その場で結構です。座ってください。打ちづらいところありました。赤。自分が置いた場所に立って。(ゴール下)入りづらいよね。ここでシュートを打つのはよくないんだね。もう１個置いた場所（遠い）ここもシュートが入らないんだね。次はどこに置けばシュートが入りやすいかです。ありがとうございました。	⑬全体が乱れたときに、よいチームを例示にすることで、整えることができる。【お手本で正す】 ⑭多い方をあおることでやる気を出させる。【焚きつけ】 ⑮シュートが入りづらい場所を体感させる。【子供発見】 ※ＱＲコード参照

【マネジメントと必要感について】

①チーム分け

授業内で決めるときに有効。教師の近くに、ビブスやカラーコーンなどを置いておくと、子供が色を言われたときに、どこに並べばいいのかわかる。他にも、コーンに番号を貼っておき、１２３４・・・と番号で告げる方法もある。

②整列

体育館ならば、「赤線に並びます」と示す。運動場なら、教師は足で線を１本引く。「ここが１班です。」と基準を示すこともある。また、鉄棒の前など目標物を決めるとよい。

③激励

向山洋一氏の授業の原則の１つ。岩田史朗氏は力強く褒めていた。声のトーンも大切。

④実況型ルール

一時一事で動きながらルールを理解させる。また、一度教えたルールは、発問しながら確認をする。子供がルールをアウトプットできる。またお手本は、ルール理解が難しい子がいるチームにする。例示と試合で２回体感できて、ルール理解がしやすくなる。

⑤得点の明確化

ゴール型でシュートする方向と自陣の区別がつかず、得点もどちらをめくったらいいのかわからない。そのため、ビブスをかけておくことでめくる方を理解できる。

⑥アウトプット

一度教えたルールを言わせる。算数指導の「次は？」「次は？」を意識した。TOSS 体育の佐藤泰之氏の授業から学んだ。

⑦説明のアウトプット

観察者にも次どうするのか聞く。見ることも学び「見学」ということを強調する。

⑧応援を拾う

必ず「ドンマイ」「ナイスシュート」とつぶやく子がいる。一度プレーを止めて、言わせる。広げたい言葉を聞き逃さないようにする。

⑨フリーズ

ボール運動でよく使う。作戦ボードなどで「相手がいない場所」を説明するよりも、試合で動きを止める。「どこに動けばいいですか。」と発問。その場で動くことで、「相手がいない場所」を体感できる。

⑩ルールの共有化

教師が人数、得点方法を決めておく。試合をして、「困ったことはありますか。」と子供の意見を吸い上げてルールをつくっていく。単元２時間目までに確定する。

⑪必要感

「楽しく試合をするためにどうすればいいですか。」

「楽しく試合するためにどんな動きを身につければよいですか。」

「この中で一番身につけたい動きはどれですか。」

この３点セットである。子供が必要としている動きを次時以降練習でおこなう。ある程度教師が練習内容を知っておく必要がある。事前に紙ベースのアンケートで聞いてもよい。これをもとに児童の実態に合わせた単元計画を作成することもできる。

⑫練習に生かす

必ず価値づける。「クラスで身につけたい動きを練習します」と伝えること。子供発信であることを告げる。（誘導的かもしれない）

⑬手本で正す

叱る必要は無い。良いモノは良いと伝えることができる。次に言った子がいたら「広がったね」と行動を価値づける。

⑭焚きつける

あおりとも言える。次どこねらうかわかるよね。ねえ。とあおる。するとやられているチームが勝つための策を考えることもある。

⑮子供発見

「どこからシュートが打ちやすいですか」よりも「打ちづらい場所を体感」させる。シュートをしやすい場所を自分たちで探すようになる。

あとがき

「工藤先生は、無駄が多いよね。」
尊敬する師に言われた。
体育を学びたいという思いで勉強会に参加して２年目の 27 歳。
勉強会が開催するセミナーで、模擬授業に挑戦した。
選んだ授業は『タグラグビー』だ。
授業検討をするために、師の元へ足を運んだ。
授業を見ていただいた。
そこで、先程の言葉をいわれた。
５分間の授業プランは、『ねことねずみ』の運動からタグラグビーの『ゲーム』に展開する。
私は、『ねことねずみ』のペアで向かい合っている状態から、一度集合させて、ゲームの説明をしていた。
５分間ではギリギリの内容だった。
そこを師に指導された。
「最短で動かす方法があるんだよ。」
スマートだった。
『ねことねずみ』のペアの位置を変えるだけで、説明なしで『ゲーム』を展開することができた。
１分以上の余裕が生まれた。
これには驚いた。
この経験からマネジメントにかける時間を削ることで、主運動の時間を確保できる。
マネジメントにこだわって授業を展開してきた。
「どうすれば、子供たちが素早く整列できるのか。」
「ゲームのルールをすぐに理解できる方法はないか。」
事前に運動場や体育館にいき、動きの確認をしたこともあった。
また、授業後は、毎時間テープ起こしや自分の動きを確認した。
マネジメントにかける時間が減り、子供たちが生き生きと動いている姿を見ることができた。
100 にわたる体育マネジメントにかかわるものをお読みいただいたみなさんに感謝の気持ちでいっぱいである。
また、樋口雅子編集長には、たくさんの叱咤激励、ご指導いただいた。
おわりに、貴重な機会を紹介してくださった山本東矢先生、そして、多くの先生方のご協力のおかげで映像などを含めた本書を出版できた。
本当にありがとうございます。

工藤俊輔

【参考文献】

『授業の腕をあげる法則』向山洋一著／明治図書／ 1985 年

『すぐれた体育授業を支える微細技術　第二巻　集団行動編』根本正雄監修／明治図書／2005年

『楽しい体育の授業 2014 年２月号』佐藤泰之氏論文

『体育の基本的授業スタイル』根本正雄著／明治図書／ 2014 年

財務省キッズコーナー https://www.mof.go.jp/kids/gakusyu_a_html/jp_03.html

『日本教育技術方法大系』根本正雄著／明治図書／ 2001 年

『法則化体育授業研究会・根本正雄編　子供の動きが変わる指示の言葉　５年』

秩父教育サークル「祭りばやし」共著／ 1994 年

『できた！が子供から聞こえてくる体育授業９つのポイント』木下光正著／学事出版／ 2015 年

『マット運動の習熟過程』根本正雄編／明治図書／ 2000 年

【引用文献】

『体育（保健体育）における集団行動指導の手引き』文部省／ 1993 年／ P 1

『体育授業を観察評価する　授業改善のためのオーセンティック・アセスメント』／髙橋健夫／明和出版／ 2003 年／ P37

『学校体育実技指導資料第４集　水泳指導の手引き』文部科学省／ 2013 年／ P126

『学校体育実技指導資料　第 10 集　器械運動の手引き』文部科学省／ 2015 年／ P50，P62

撮影に協力していただいた先生方▶

〈著者紹介〉

工藤俊輔（くどう　しゅんすけ）

1986年　鹿児島県生
駒澤大学文学部歴史学科日本史学専攻
明星大学通信教育にて小学校免許を取得
現在、埼玉県公立小学校教員
週1回、自身で勉強会を開催している。また、月1回体育研究会を開催している。
TOSS体育研究会をはじめ、多くの研究団体で体育授業について学んでいる。
教育雑誌「楽しい体育の授業」（明治図書）等、多くの書籍の原稿を執筆する経験をもつ。

子供が一瞬で動く！
体育の授業マネジメント
～用具準備→場づくり超時短ワザ100～

2020年12月1日　初版発行
2021年10月10日　第2版発行

著　者　工藤俊輔
発行者　小島直人
発行所　株式会社学芸みらい社
〒162-0833　東京都新宿区箪笥町31箪笥町SKビル
電話番号 03-5227-1266
http://www.gakugeimirai.jp/
E-mail : info@gakugeimirai.jp
印刷所・製本所　藤原印刷株式会社
企　画　樋口雅子
校　正　菅　洋子
装丁・本文組版　橋本　文

落丁・乱丁本は弊社宛お送りください。送料弊社負担でお取り替えいたします。

ISBN 978-4-909783-61-5 C3037

学芸みらい社の好評既刊

日本全国の書店や、アマゾン他のネット書店で注文・購入できます!

『教室ツーウェイNEXT』バックナンバー

創刊記念1号

【特集】〈超有名授業30例〉アクティブ・ラーニング先取り体験!

【ミニ特集】発達障がい児のアクティブ・ラーニング指導の準備ポイント

A5判 並製: 172ページ
定価：1500円+税
ISBN-13：978-4908637117

創刊2号

【特集】やりぬく、集中、忍耐、対話、創造…“非認知能力”で激変！子どもの学習態度50例！

【ミニ特集】いじめ —— 世界で動き出した新対応

A5判 並製: 172ページ
定価：1500円+税
ISBN-13：978-4908637254

3号

【特集】移行措置への鉄ペキ準備 新指導要領のキーワード100

【ミニ特集】いじめディープラーニング

A5判 並製: 172ページ
定価：1500円+税
ISBN-13：978-4908637308

4号

【特集】“合理的配慮”ある年間プラン&レイアウト63例

【ミニ特集】アクティブ型学力の計測と新テスト開発の動向

A5判 並製: 172ページ
定価：1500円+税
ISBN-13：978-4908637414

5号

【特集】“学習困難さ状態”変化が起こる授業支援60

【ミニ特集】２学期の荒れ——微細兆候を見逃さないチェック法

A5判 並製: 168ページ
定価：1500円+税
ISBN-13：978-4908637537

6号

【特集】「道徳教科書」活用考える道徳授業テーマ100

【ミニ特集】“小学英語”移行措置＝達人に聞く決め手！

A5判 並製: 176ページ
定価：1500円+税
ISBN-13：978-4908637605

7号

【特集】教科書の完全攻略・使い倒し授業の定石59！意外と知らない教科書の仕掛けを一挙公開。

【ミニ特集】クラッシャー教師の危険

A5判 並製: 180ページ
定価：1600円+税
ISBN-13：978-4908637704

8号

【特集】「主体的学び」に直結! 熱中教材・ほめ言葉100 新指導要領を教室で実現するヒント

【ミニ特集】教育改革の新しい動き

A5判 並製: 172ページ
定価：1600円+税
ISBN-13：978-4908637872

9号

【特集】「通知表の評価言—AL的表記への変換ヒント」

【ミニ特集】学校の働き方改革—教師の仕事・業務チェック術

A5判 並製: 156ページ
定価：1600円+税
ISBN-13：978-4908637995

10号

【特集】黄金の授業開き おもしろ導入クイズ100選

【ミニ特集】プロに聞く“校内研修テーマ”の最前線

A5判 並製: 156ページ
定価：1600円+税
ISBN-13：978-4908637117

11号

【特集】2～3学期の超難単元 楽しくトライ! 授業アイデア50

【ミニ特集】東京オリ・パラ＝子どもに語るエピソード10

A5判並製：164ページ
定価：1600円+税
ISBN-13：978-4909783158

12号

【特集】「教え方改革」新年度計画　働き方連動プラン54

【ミニ特集】子供に入る“学級開き決意表明”シナリオ例

A5判並製：168ページ
定価：1600円+税
ISBN-13：978-4909783264